U0963011

MICHELANGELO

AND THE VIEWER IN HIS TIME

谁在观看

米开朗琪罗

[美] 伯纳丁·巴恩斯 Bernadine Barnes ____ 著

谭宇墨凡 ____ 译

人民东方出版传媒
People's Oriental Publishing & Media
東方出版社
The Oriental Press

目 录

Contents

图 1 《朱利亚诺 · 德 · 美第奇雕像》（*Giuliano De' Medici*）上半身，创作于 1524—1534 年，材质为大理石

导　言

一直以来，人们都认为米开朗琪罗是一位英勇无畏的艺术家，一个与赞助人斗争、藐视公众反应、创作有违社会规范作品的独立创作者。而我却认为，那些情感爆发、奇闻逸事还有怪癖往往掩盖了真正值得关心的问题，那就是他的作品应当如何被特定观众观看。他与观众之间的确存在着冲突，但从一开始，米开朗琪罗就很重视观众对他作品的看法。在他职业生涯早期的一些最著名的作品中，我们能看到他从观众的立场做了一些调整来平衡。有关这位艺术家后期作品的负面评价，与其说是米开朗琪罗背离了他的观众，还不如说是由于观众对他作品的反应与他自己设想的已经完全不同。

生活在 15 世纪和 16 世纪的人与我们的看法不同吗？当然，直线透视的发展，尤其是光学和数学研究的成果，意味着艺术家们可以在一个二维表面上创造一个看上去与我们生活的世界一样“真实”的世界。透视这种技术极大地改变了人们观看的方式，而且有人还认为它是文艺复兴时期视觉性的典型特征。[1] 但是文艺复兴时期的艺术家很少有完全遵循透视规则的，而且他们常常会做一些调整来纠正透视结构本身所造成的扭曲。一些艺术家意识到透视所创造的并非真实而只是错觉，而且这种错觉可以被调整，并以此唤起人们对自身的关注。我认为米开朗琪罗也是如此。米开朗琪罗在 16 世纪 30 年代的大部分作品表明，与透视的确定性相比，他对视觉的扭曲更感兴趣，正如我们在佛罗伦萨的圣洛伦佐图书馆的建筑细节中看到的那样。

米开朗琪罗清楚地知道运用透视创造空间的正确方法，但是，在西斯廷礼拜堂的天顶画这个有趣的例外中，他没有使用透视结构。他的传记作者阿斯卡尼奥 · 康迪维（Ascanio Condivi）说米开朗琪罗研究了透视理论，但在晚年米开朗琪罗纠正了康迪维的说法，认为这样的研究简直是“浪费时间”。[2] 相反，他声称自己“眼中有圆规”，而且说自己是根据“眼睛的判断力”来调整人物的比例。[3] 通过作品我们可以看出，他并非创造一个空间然后再把主体部分嵌进去，而是借助主体部分来创造空间。前缩透视法（foreshortening）是一种描绘身体或四肢的方法，运用这种方法可以使身体或四肢看上去好像是从画面上垂直延伸出来一样。前缩透视法对获得空间效应来说尤其重要，而且在文艺复兴时期，它甚至与大胆和暴力联系在一起。前缩透视法是很难做到的，它需要对人体骨骼进行精确描述，尤其是对处于极端运动中的人物。[4]因此，米开朗琪罗凭借他所描绘的、按照透视法缩短且高度复杂的人物形象而闻名，也可谓实至名归了。这些人物牢牢抓住了观众的注意力，而且还将观众的注意力引向一幅画作的重要部分，但这些人物也同样使人们注意到这位艺术家的高超技巧和大胆。

然而，米开朗琪罗的观众可不只是单纯地盯着作品看。他们是不同类型的人，并各自以多种方式参与到作品的观赏中。他们可能是朝圣者，慢慢靠近并从一座雕像前走过，有时会触摸它，或者将此刻存在的神圣形象想象成神本来的样子，而非仅仅是象征。他们可能是经验丰富的鉴赏家，他们将眼前的雕塑作品相互比较，或者在作品四周踱步，从不同角度观赏它。他们走进建筑物，在楼梯上移动或从门框上观看。如果他们有幸走进有着米开朗琪罗壁画的空间，他们很可能会参与到特定的仪式中，他们在空间中移动或者以特殊的方式就座，而这又会影响到人们对画作的看法。他的作品中有一些可能也要从一个固定的角度观赏，但即使如此，这件作品被放置的环境也会限制人们对作品的反应。无论作品是有关信仰的还是有关家庭的，甚至是关于情欲的，也都是如此。

与大多数文艺复兴时期的艺术家一样，米开朗琪罗为许多人类肉眼看不见的事物赋予了视觉形式：上帝和天使，特异景象和心灵深处的幻景。在与维托丽娅·科隆纳（Vittoria Colonna）相遇后，可能是在她的影响下，米开朗琪罗创作了将普通的观看同"用心的观看"或"打动人心的"意象进行对比的诗歌。特别是在他后期的作品中，米开朗琪罗似乎已经不再记录所见之物了，而是通过作品创作来表现内心的意象。[5]这种视觉上的精神体验延伸到了建筑上，尤其是在圣彼得大教堂上。教堂中的光线，以及教堂的整体性、开放性和垂直性，这些都将引向靠近神明之路。米开朗琪罗晚期的作品表明，与别人能看到的成品相比，他自己的创作过程却重要得多，从他在《圣殇》（*Pietà*）快完成时还不断打磨这件事上就能看出来。

在本书中，我想提醒大家注意那些见证了米开朗琪罗对与其作品相遇之人思考的作品。虽然我们不可能知道任何个体真正的感受，更不必说成千上万在公共场所看到米开朗琪罗作品的同时代人的感受，但的确有一些方法可以帮助我们了解一些他们的感受。设想最初的场景就是方法之一。绘画和雕塑在创作时几乎都要在心中设想好特定的场景和特定的观众。然而，再现一件作品的原始观看环境通常很困难，因为许多作品都是为了特定地点而创作的，只是后来被安置到了另一个地方。有时候，作品还是在原来的环境中，只不过空间本身却已经变化了。建筑是最令人头疼的，因为大多数建筑项目在米开朗琪罗活着的时候都没有完成，而且经常被后继的建筑师修改。

书面记录下的一些反响则会提供另外的一些见解。16世纪的一些观众的确会记录下他们自己对作品的独特见解或者其他人对作品的评价。不光有旅行者的报告和记下的奇闻逸事，还有论文中的讨论，不一而足。出版的评论、传记和旅行指南都是16世纪重要的信息来源；这些信息为生活在米开朗琪罗时代的人们提供了有价值的信息。然而，每个作者都从属于特殊的流派，而且每位作者写作时心中都有特定的动机和特定的读者。

看到米开朗琪罗作品的人很少会对作品创作过程本身发表任何看法。尽管如此，但赞助人却是观众中一个很重要的子群体，因为他们常常对作品的主题或作品将要在何处展示表达出自己的期望。他们有时会因为项目超出预算而感到失望，但即便如此，作为一个群体来说，这些最重要的赞助人却用他们自己的雄心鼓励了米开朗琪罗，并给予他充分的自由来实现他的想法。

尽管很难确定米开朗琪罗的目标观众可能是谁，但他的确很少在没有特定买主的时候出售作品，而且他也不太可能想象自己的素描、油画或雕塑作品会在博物馆中陈列。他也不太可能想象人们会近距离地研究他的作品，或者并排比较他的作品，就像我们现在可以在书里或者网上做的那样。允许如此观看的技术直到16世纪伴随着印刷复制品的发展才刚刚出现。米开朗琪罗似乎对这种观看方式的转变感到惊讶，而且他也从来没有完全接受。

在为写作本书而做研究时，我突然意识到有那么多学者和评论家已经考虑到了米开朗琪罗作品的观众。在过去，观者或观众通常是被顺带提及的，但是在其他时候，一位理想观众的存在对于理解作品至关重要。批评方法已经逐步发展，现在人们已经对观众、仪式或社会情境中的许多差异点（政治的、性别的、阶级的，等等）有了更多兴趣。为了尽量少地引用文献，我将重点放在了最近的文献上，这些文献对英语读者来说是可以理解的，但也严格引用了较早的学术研究。文档和信件是按日期引用的，以便在不同版本中找到它们。我经常引用乔尔乔·瓦萨里（Giorgio Vasari）所撰写的传记（首次出版于1550年，并于1568年出了修订版和增订版），还有阿斯卡尼奥·康迪维（Ascanio Condivi）所撰写的传记（出版于1553年）。这些信息都是基于同时代那些很了解这位艺术家的人撰写的文字；上述两人都声称自己与米开朗琪罗一同做过研究，而且康迪维似乎经常会记录下米开朗琪罗自己说过的话，尽管有时他的记录有误。在他们的作品中没有艺术作品的插图，所以瓦萨里和康迪维不得不精确地描述作品，以便读者能够想象那些作品的样子。这些作者记录下了他们自己的观赏体验，并鼓励读者以若干特定方式观赏米开朗琪罗的作品。同样，这些作品可以在不同的版本中找到，而且具体的细部也可以轻松地被发现。[7]

第 1 章

寻找观众的艺术家

在 15 世纪的意大利，艺术家是为观众工作的。在当时，艺术家像今天那样为了表达自己的想法和理念而创作几乎是不可想象的。大多数作品都是因委托而创作的，而工作室里的更多作品的市场都很固定——一件精心制作的耶稣受难像或表现圣母与圣婴的油画总能找到买主。米开朗琪罗的艺术生涯始于一间工作室，这间工作室特别擅长迎合顾客的需要。1488 年，米开朗琪罗的父亲签署了一份协议，13 岁的他被安排到基尔兰达约（Ghirlandaio）的工作室里做学徒；而另外一份文档则显示，他至少在此前一年就已经在这间工作室工作了。[1] 当时，基尔兰达约的工作室是佛罗伦萨最活跃的；祭坛装饰画、肖像画和壁画都是由多梅尼科（Domenico）和达维德（Davide）两兄弟还有他们的大型工作室制作的，他们的效率很高而且产量很大。最著名的一些作品是受佛罗伦萨一些最有声望的家族委托、创作于小礼拜堂的那些装饰壁画。那些教堂中的画则服务更大的社区，为重要的宗教叙事赋予视觉形式，如此一来，普通的基督徒就能理解并记住那些宗教故事。而小礼拜堂的那些画同样是服务于那些发出委托的家族的：这些画彰显了家族的地位，因为它们是家族品位和财富的象征，而且它们也成了埋葬在那里的已故家族成员的永久纪念。基尔兰达约的工作室专门制作一种类型的绘画，这种绘画用一种最直接的方式表达了对赞助人的感激之情：描绘家族成员和他们的政治盟友，并让他们在画中扮演神圣情节中的配角。

通常意义上，米开朗琪罗被看作是一位完全否定多梅尼科·基尔兰达约风格的最杰出的学徒；甚至可以说是米开朗琪罗自己创造了这样的印象，因为在他生命的晚期，他就让他的传记作家阿斯卡尼奥·康迪维陈述说基尔兰达约对他根本没有任何帮助。基尔兰达约单调乏味，是一位平凡的老师傅，而这与米开朗琪罗那极具创造力且充满活力的年轻天才形象形成对比。但基尔兰达约确实教会了他一些东西。毫无疑问，米开朗琪罗学会了创作板面油画和壁画所需的技术技能。他可能还从基尔兰达约那里学习了一些色彩知识，因为基尔兰达约创作的壁画色泽明亮、多彩缤纷，使得它们能够在光线较暗的小礼拜堂内也清晰可辨。当大约 20 年后米开朗琪罗颇有些意外地被委托去为西

图 2 《三个站立的人》（*Three Standing Men*），创作于 1492 年，钢笔

斯廷礼拜堂创作天顶画时，这些技巧就有了用武之地。

我们可以从米开朗琪罗的早期素描中看到他从基尔兰达约那里学到的一些东西。那些幸存下来的素描通常只展示了一到两个来源于乔托（Giotto）或马萨乔（Masaccio）壁画上的人物，这些人物体型臃肿，袍子上有深深的褶皱（图 2）。[2] 在文艺复兴时期的工作室里，模仿是很常见的做法。一位年轻的艺术家会首先向其他大师学习；只有当这名学徒吸收了前人风格的最好之处后，他才会开始发展属于自己的风格。在米开朗琪罗的存世之作中，尽管没有一幅素描与基尔兰达约的项目有关，但其中表现出的技术技巧仍在很大程度上要归功于基尔兰达约。这些都是精心创作的、精美的钢笔画，层层的交叉影线创造出了微妙的明暗变化。有些是用不同颜色的墨水完成的，或用留白强调以营造出更强烈的色彩效果。基尔兰达约就在他自己的钢笔人物画习作中使用了层层的交叉影线，尽管这些线条不太紧凑且更少受控制。当基尔兰达约想要表现落在布料褶皱上的光线时，他经常会在亚麻布或纸上使用水洗法（一种近似于油画的技巧），或在染色纸上使用粉笔。[3] 米开朗琪罗早期素描的尺寸和聚焦特性与基尔兰达约的布料褶皱习作非常接近，但米开朗琪罗一直依赖钢笔。也许他一直都在试图超越基尔兰达约的笔法，但可能还有另一个灵感来源。米开朗琪罗那微妙的交叉影线之网也许是受到了版画的启发，如马丁·施恩告尔（Martin Schongauer）创作的《圣安东尼的诱惑》（*Temptation of St. Anthony*），这幅画是由米开朗琪罗的朋友弗朗西斯科·格拉纳齐（Francesco Granacci）带给他的。瓦萨里说他先是用笔把版画复制下来，然后在板子上涂上彩色颜料。

不过，这些素描作品还是有些缺失的东西。这一时期没有构图方面的草图留存下来，但可以想见，这项工作是由工作室的主人基尔兰达约亲自完成的，他也是因这项技术而成名的。早期的素描没有表现出空间结构，但瓦萨里指出，米开朗琪罗曾在托尔纳博尼礼拜堂（Tornabuoni Chapel）的脚手架上为他的基尔兰达约工作室伙伴画了一幅素描。难道这是米开朗琪罗想要证明他可以像基尔兰达约那样把人物设定在现实的舞台上所进行的尝试吗？最引人注目的是，米开朗琪罗的画作并不表现当时佛罗伦萨社会受人尊敬成员的肖像——而这是基尔兰达约与其画作观众建立联系的标志性手法之一。米开朗琪罗对肖像画的毕生厌恶在那时可能已经有所表现，但描绘肖像是基尔兰达约交给米开朗琪罗的另一项任务。基尔兰达约那种将当代人物融入神圣故事的个人风格似乎太过明显或太过突兀，显得与宗教场景格格不入。

尽管这些幸存下来的素描手稿从来没有在一幅成品画作中使用，但这些素描和与它们有关的故事则说明了分享的重要性。米开朗琪罗对他与基尔兰达约冲突的回忆主要集中在没能阅读到一本原型参考书（model book）。格拉纳齐给米开朗琪罗带来一些素描手稿还有施恩告尔的版画，用来鼓励他的早期艺术创作。米开朗琪罗早期绘画的尺寸和完成度表明，他希望把这些画作为范本。这些画被保存下来，而且尽管背面或页边的草图显示这些画纸又另作他用了，但画纸上早期完成的人物并没有被掩盖。不难想象米开朗琪罗自己会注视着这些画并回忆起自己最初的努力。

米开朗琪罗在基尔兰达约的工作室里工作了三年，但后来他又换了一个完全不同的创作环境。洛伦佐·德·美第奇（Lorenzo de' Medici）——佛罗伦萨事实上的统治者——已经对复兴佛罗伦萨的雕塑艺术产生了兴趣，因为这座城市里两位最好的雕塑家已经不在了：安德烈亚·德尔·韦罗基奥（Andrea del Verrocchio）于1488年去世，而安东尼奥·德尔·波拉约洛（Antonio del Pollaiuolo）也去城外参与了其他项目。基尔兰达约工作室的同伴画家、米开朗琪罗的朋友格拉纳齐可能建议过他们去向洛伦佐自荐。但更有可能的是，正如瓦萨里说的，基尔兰达约被要求推荐一些人。无论事情到底如何，米开朗琪罗确实被带到了圣马可区（San Marco）附近的美第奇家宅的花园中学习雕塑艺术。贝托多·迪·乔瓦尼（Bertoldo di Giovanni）——多纳泰罗（Donatello）① 的前任助理是那里的首席雕塑家，而且他可能在许多问题上指导过米开朗琪罗和其他的年轻雕塑家。但美第奇的雕塑花园并不是艺术学院；更确切地说，这是一个演出场所，也是洛伦佐那些古代雕塑藏品的展示场所。[4] 这些来到花园学习雕塑的年轻男子们向他的藏品学习，就像他们从当地教堂的壁画中学习绘画一样。

洛伦佐不仅允许米开朗琪罗观赏他的藏品，还让他在家中常住。米开朗琪罗和洛伦佐的儿子乔瓦尼、侄子朱利奥分享经验，这二位就是日后的教皇利奥十世和克雷芒七世，他们都将成为米开朗琪罗的赞助人，而且他还受到了博学之士的教导，这些人都是洛伦佐召集来的。洛伦佐圈子里的人都很有创造力；他们的事业包括将古典神话同基督教信仰相结合，寻找更古老的真理，以及探索新的写作和思考方式。其中一位学者，安杰洛·波利齐亚诺（Angelo Poliziano），曾是美第奇孩子们的导师，米开朗琪罗从他那里听到了拉庇泰族（Lapiths）和半人马（Centaurs）的

① 多纳泰罗（1386—1466年），是15世纪意大利佛罗伦萨著名雕刻家，文艺复兴初期写实主义与复兴雕刻的奠基者，对当时及后期文艺复兴艺术发展具有深远影响。他创作过名为《大卫》的铜像。——译注

故事，还有抢劫德伊阿尼拉（the rape of Deianira）的故事。在米开朗琪罗的浮雕作品《半人马之战》（*Battle of the Centaurs*，图 3）中，他将这些故事融合进一个混乱的场景中，会令人联想到这两个故事，但并没有直接提及。也许正是波利齐亚诺鼓励这位年轻的雕塑家将雕塑保持未完成的状态——也正是他认为诗歌永远不会完结。[5] 在洛伦佐的家里，米开朗琪罗知道了与创作过程有关的一些事情：如何把文学作为灵感的来源，如何创作一些超越文学的东西，以及如何在所有细节被确定前就停止以便留下些什么去让观众继续填补完成。早期古典艺术、诗歌和哲学的熏陶无疑使他明白了艺术是如何被赋予意义的。更重要的是，在美第奇的家中，米开朗琪罗了解到，一位真正的赞助人是如何让一个有创造力的人自由地探索和实验的。

流传下来的两件米开朗琪罗在美第奇家宅花园中创作的作品都是对早期样式的创造性改造；它们似乎并非为了服务于某一特定目的的委托作品。他的《半人马之战》是一团纠结在一起的身体，以最微妙的方式暗示了其特定的文学来源：通过一匹马的臀部和蹄下缘，以及一个事实，即位于中心的下半部分人体逐渐化入我们可以想象成是半人马的躯体之中。这件作品感情奔放且强烈，但存在多种可能的解读。左边一位有着大胡子的光头男子在准备扔石

图 3 《半人马之战》（*Battle of the Centaurs*），创作于 1497 年，材质为大理石

头；左下角有个年轻人，他的头好像受了伤；一位妇女用手臂搂住男人的脖子：她是在挣扎还是在依靠？我们并不知道米开朗琪罗是否希望这件浮雕作品以一种特定的方式被解读，但我们确实知道他很珍惜这早期的努力；多年以后，他告诉康迪维说他那时就该知道自己注定要成为一名雕塑家。另一件可能创作于米开朗琪罗在洛伦佐·德·美第奇家中期间的雕塑作品就是《阶梯圣母》（*Madonna of the Steps*)(图 4)。这件浮雕作品在许多方面都与《半人马之战》不同：事实上，有人认为这两件雕塑作品是一对，尽管在隐喻的意义上的确如此，但是这两件作品在形式和尺寸上非常不同。就主题而言，它们是对立的，一个是异教的，另一个则是虔敬的。它们也展示了非常不同的大理石雕刻技巧。《半人马之战》是用半浮雕雕刻的，有些人物接近完全的三维形式，而《阶梯圣母》是以非常浅的浮雕雕刻的，被称为“浅平浮雕”(schiacciato)。这种具有挑战性的技术依赖视觉效果，而不是三维的、触觉的形式。雕塑家试图让雕塑做到那些本来最适合素描或油画做的事，例如在空间和大气的影响下创造出微妙的后退透视区。多纳泰罗的若干浅平浮雕经验在当时的佛罗伦萨是很容易学习到的(图 5)，而且类似地，非常浅的浮雕雕塑作品也已经有其他艺术家完成，包括贝托多。[6] 在这两件浮雕作品中形成鲜明对比的雕刻技术也有另一个相似之处：它们都试图从两个伟大的范本中学习和超越。在《半人马之战》的浮雕中，米开朗琪罗在模仿古人，因为它模仿的基本上是一具洛伦佐·德·美第奇所拥有的罗马石棺，而《阶梯圣母》浮雕则使人联想到了多纳泰罗，他是 15 世纪最伟大的雕塑家。《阶梯圣母》在米开朗琪罗眼里的价值也许没有《半人马之战》那么高。也许这就是米开朗琪罗让他的父亲

收拾起来而不让别人看到的那座浮雕。[7] 尽管他还是把它作为自己的家当，但他也许对其中多个笨拙的细部感到不快，尤其是那不成比例的右脚和不合逻辑的衣服褶皱。尽管米开朗琪罗可能觉得这件作品不太成功，但雕塑也可以创造视觉错觉的想法将会一直伴随着他。

圣母玛利亚为圣婴耶稣哺乳是文艺复兴时期的一个常见主题。如果放在家里，那这一意象将会成为母亲们的榜样，即使许多母亲——其中就包括米开朗琪罗的母亲——没有亲自用母乳喂养过自己的孩子。[8] 然而，这件早期的浮雕作品似乎并非在家中展示，而且其寓意也很复杂。圣母玛利亚冷漠地凝视着远方，既不关注她的儿子也不关注她身边的几个孩子。只有当她用长袍遮住时才有一部分胸部露出来；她显然已经喂完了孩子，现在孩子已经睡着了，他的背耷拉着，朝向观众。也许米开朗琪罗在这件作品中表达了他对自己母亲的个人感情，而并不关心对他人的意义。

米开朗琪罗创作的艺术作品到目前为止都不是委托创作的，它们或多或少具有些习作和实验的性质，展示了他能做的、他学到的还有他如何综合或回应他听来的那些想法。这些作品通常都是出于他的个人目的而创作的，而且它们只在相对有限的场景下才会被别人观赏。而在洛伦

图 4 《阶梯圣母》（*Madonna of the Steps*），创作于 1491 年，材质为大理石

佐·德·美第奇于1492年去世后，这种情况发生了变化。米开朗琪罗虽离开美第奇家有一段时间，但他的职业生涯很可能仍由洛伦佐的儿子皮耶罗·德·美第奇（Piero de' Medici）所推动。皮耶罗可能认为米开朗琪罗是一名宫廷艺术家，会创造任何所需的装饰品。至少从皮耶罗让米开朗琪罗去创作“雪人”雕塑来看是这样的。当然，那件雪

图5 多纳泰罗 《圣母玛利亚》（*Madonna of the Clouds*），创作于1425—1435年，材质为大理石

人雕塑什么也没留下。由米开朗琪罗雕刻的赫拉克勒斯（Hercules）雕像在这个时候可能是一件自我表达的作品，但那时他只有 18 岁，不太可能买得起那块超过 2 米高的石头——即使它是从其他项目中被丢弃的。米开朗琪罗更有可能是在皮耶罗或斯特罗齐家族的邀请下创作那件作品的。[9] 1506 年，那座雕像被安置在斯特罗齐宫（Palazzo Strozzi），一直到 1530 年之前它都在那里，直到后来被作为外交礼物赠送给法兰西国王弗兰西斯一世。米开朗琪罗在设计作品时可能不知道它意欲安放的位置，而且也没办法知道他是否以任何特定方式考虑了这件大型雕塑作品的观赏者。《赫拉克勒斯》（*Hercules*）这件作品从 18 世纪就遗失了。

早年在佛罗伦萨时，米开朗琪罗的确收到过为一个特定地点创作的委托：为圣灵教堂（Santo Spirito）的院长制作一件耶稣受难十字架（图 6），以此交换米开朗琪罗解剖所用的尸体。在这件事中，皮耶罗 · 德 · 美第奇可能也起到了重要作用。因为在 1493 年时，皮耶罗已经被选为圣灵教堂行政委员会委员，[10] 这件事大约发生在这件耶稣受难十字架制作前后。这个和真人差不多大小的耶稣受难像最初放置的目的是让它在主祭坛的正上方被看到。[11] 无论谁创作的雕像放在这里都会享有盛誉；自 13 世纪以来，人们就在教堂祭坛的附近放置了大型的彩绘耶稣受难像，但

图 6 《耶稣受难十字架》（*Crucifix*），创作于 1493—1494 年，材质为彩色木头

到了 15 世纪，雕刻的耶稣受难像是更常见的，它们被安装或悬挂在位于唱诗班席座或小礼拜堂祭坛的上方。它们通常都是用木头雕刻而成，一般都是真人大小，而且通常会有一块真正的缠腰布，使信徒们仿佛看到基督真实存在。米开朗琪罗的耶稣受难像是精心塑造并高度写实的。身体被涂成苍白色，红色的色线和液滴象征着从基督伤口和前额流下的血液，前额上还绘有一顶荆棘王冠。他的头发是用灰泥覆盖的纤维制成的；一条缠腰布会遮住基督的生殖器。[12] 醒目的牌匾上用希伯来语、希腊语和拉丁语三种语言写着“拿撒勒的耶稣，犹太人的国王”。这些文字是从右往左读的，模仿的是 1492 年发现于罗马的一件圣物，其被认为正是本丢·彼拉多（Pontius Pilate）放在耶稣十字架上的标志。洛伦佐·德·美第奇在死前得知有这样一件圣物，而且上面的铭文通过木刻被公开了。[13] 米开朗琪罗可能是根据口头描述修改了一些字母以使其更易识别，但保留了这三则铭文的书写方向。对于虔诚的教堂访客来说，雕像的逼真细节以及“可信”的铭文都会增强他们看到基督本尊的体验。一些观众也许会想起吉罗拉莫·萨伏那洛拉（Girolamo Savonarola），这位热情的多米尼加传教士，那些年他在佛罗伦萨的出现给米开朗琪罗带来了深远影响。萨伏那洛拉对基督身体那栩栩如生的描述——“细腻，非常敏感”——使听众从内心深处明白，他会多么强烈地感受到受难耶稣的痛苦。[14] 类似的话语或许稍微启发了这一雕塑创作，这与米开朗琪罗后期的作品是不一致的。

在动荡的 1494 年，法国的军队在佛罗伦萨游行，而皮耶罗·德·美第奇被狼狈地赶出了这座城市；在随后的权力真空中，魅力超凡的传教士萨伏那洛拉控制了局面。就在美第奇家族被赶出佛罗伦萨前的一个月，米开朗琪罗离开了他们家并打算去威尼斯。但他在博洛尼亚停下了，在那里他找到了一位赞助人，这位赞助人的博学多闻和对他的支持可能使米开朗琪罗想起了洛伦佐。焦万·弗朗西斯科·阿尔德罗万迪（Giovan Francesco Aldrovandi）是博洛尼亚社会中一位博学、富有且在政治上很精明的成员。才华横溢的年轻艺术家米开朗琪罗把但丁和彼特拉克读给阿尔德罗万迪，但几乎没有证据表明米开朗琪罗在其家中出于任何目的运用了他的艺术天赋。尽管如此，阿尔德罗万迪一定协助米开朗琪罗接受了为圣多明我约柜（Arca di San Domenico）创作三件小型雕塑的委托（图 7），这是一个巨大的大理石圣骨匣，里面有圣多明我（St. Dominic）的遗骸，圣多明我是 13 世纪早期伟大的传教士，创立了多明我教会。从整体上看，米开朗琪罗所贡献的创作和那些之前就已经创作完成的雕塑融为一体：在石棺下部

图7　尼科洛等人 《圣多明我约柜圣骨匣》(*Arca di San Domenico*),开始创作于 1265 年,材质为大理石

右边角落里，他创作的跪天使（图 8）与尼科洛（Niccolò dell' Arca）[①]的天使成为一对，而彼得罗纽斯（Petronius）和普罗库鲁斯（Proculus）的雕像则沿着石棺盖子的边缘与其他六位圣人像融为一组。米开朗琪罗的这三座雕像通常会被单独展出，但它们将一直被视为——而且现在仍然被视为——博洛尼亚最重要的圣骨匣的一部分。从 13 世纪奠基开始，这座不朽的作品就是独立的：石棺的四面都有浮雕，而且石棺角上的人物沿对角线方向摆放，这样便驱使观众绕着它转。[15] 刚开始完成时，石棺被人形的支撑物托举起来，提升其可见度，也可以让朝圣者们站在圣人的遗骸下面，如此便能更有效地获得它们的力量。在 14 世纪晚期和 15 世纪早期，这件作品变得更加丰富了，但是对忠诚的信徒来说，它所蕴藏的圣物的力量却没有减弱。信徒们很可能也会触摸这件作品，而且许多最老旧部分的细节似乎都已磨损。米开朗琪罗似乎想要在他那举着烛台的跪天使上模仿这种磨损的效果。模糊的表面，完整的面部特征还有对双手大体结构的描绘反映了该约柜最开始的雕塑风格，而非前任设计师尼科洛最近在这座陵寝上创作的新的

---

① 尼科洛（约公元 1435 或 1440 至 1494 年 3 月 2 日），意大利文艺复兴初期雕塑家，他的姓“dell' Acra”是指他对圣多明我约柜做出的贡献。——译注

增添物的风格。[16] 而且，它不仅有对古代风格的参考，天使表面的抛光形式似乎还模仿了成百上千双虔诚的手抚摸这一神圣雕塑所留下的物理效果。而在三座米开朗琪罗为圣多明我约柜雕刻的雕像中，只有这尊跪在崇拜者能够到的地方的天使表现出了这些特征。他创作的另外两尊雕像被放置得更高，而且它们的比例被调整过，这样从下方看起来就会更加有力量。[17] 这一点在年轻的《圣普罗库鲁斯》（*St. Proculus*）雕像中表现最明显（图 9），除非朝圣者进入小礼拜堂内部，否则是看不见他的。他位于圣殿后部的位置上，这意味着观众必须从下面抬头看他——小礼拜堂的后墙妨碍了观众从更远、更平行的地方观看。他的身体，尤其是他那强烈的凝视，被赋予了更强大的存在感，就好像他在俯视那些拜访圣殿的朝圣者一样。

米开朗琪罗于 1495 年回到佛罗伦萨；萨伏那洛拉仍然控制着局面，而皮耶罗 · 德 · 美第奇仍然被驱逐在外。但是美第奇家族的另一个成员，皮耶罗的堂弟洛伦佐 · 迪 · 皮耶尔弗兰切斯科（Lorenzo di Pierfrancesco）在米开朗琪罗之后的职业发展上发挥了作用，他委托这名艺术家创作一尊年轻的施洗者圣约翰（St. John the Baptist）雕像。这座雕像如今已经遗失了，一同遗失的还有另一件洛伦佐知道的雕像——而且很可能是他邀请米开朗琪罗制作的——

图 8 《跪天使》（*kneeling Angel*），创作于 1494—1495 年，材质为大理石

图 9 《圣普罗库鲁斯》（*St. Proculus*），创作于 1494 年

《沉睡的丘比特》(*Sleeping Cupid*)。这位洛伦佐肯定还怂恿米开朗琪罗为这件《沉睡的丘比特》仿出古色，如此他就可以假装这是件古董而在罗马售卖了。显然，这些大小适中的雕塑都不是为特定的环境而制作的。《沉睡的丘比特》被卖掉了，买主将会自己选择摆放的环境。这件作品可能是米开朗琪罗唯一一件为公开市场创作的作品。我们的确知道这件作品其中一任主人展示过它的确切位置。1502 年，切萨雷·博尔吉亚（Cesare Borgia）将《沉睡的丘比特》送给了曼图亚的公爵夫人伊莎贝拉·德埃斯特（Isabella d’Este）；切萨雷在洗劫乌尔比诺时将其作为战利品。伊莎贝拉热衷收藏古代艺术品，几年后，她得到了一尊类似《沉睡的丘比特》的雕像，她认为这尊雕像出自希腊雕刻家普拉克西特列斯之手。在 1539 年她去世的时候，这两尊雕塑分别陈列在窗户两侧的橱柜里。[18] 伊莎贝拉知道她的第一个丘比特雕像是由一位现代雕塑家雕刻的，尽管她可能在刚得到它时并不知道这位雕塑家就是米开朗琪罗。她的客人们会将这件作品进行比较，以检验他们识别真正古董雕塑的能力；古典作品曾被认为是更好的作品，但这两件作品一定足够相似，足以挑战观众的识别力。赝品注定会被拿来与真品做比较，而且成功的赝品总会被判断为与真品相当；伊莎贝拉对《沉睡的丘比特》的展示是我们知道这种事情发生过的一个有案可稽的例子。

《沉睡的丘比特》最早是被枢机主教拉法埃莱·里亚里奥（Raffaele Riario），即教皇西克斯图斯四世（Sixtus Ⅳ）的侄孙买去的。这位主教是从一位商人那里得到这件作品的，那位商人将其伪装成一件古董，后来主教才知道它是佛罗伦萨一位年轻的雕塑家所作的。主教将这件雕像还给了那名商人，但可能是因为那位商人的不诚实，而不是他对米开朗琪罗的雕塑有所不满。他拜托他的朋友雅各布·加利（Jacopo Galli）将这位年轻人带到罗马，而且所有的费用都由他来支付。里亚里奥主教肯定对米开朗琪罗汲取希腊罗马雕塑精髓的能力印象深刻，因为他将评估自己雕塑藏品的任务交给了米开朗琪罗，这些雕塑都陈列在他的新宫殿里，即文书院宫（Cancelleria）。1496 年 7 月，在米开朗琪罗到达罗马 3 个月后，他开始制作《酒神巴克斯》（*Bacchus*），这是一尊真人大小的酒神雕像，旁边站着一位年轻的农牧神（faun）（图 10）。文献显示里亚里奥为这尊雕像付了钱，但这笔钱从未交付给米开朗琪罗。[19] 康迪维说米开朗琪罗是为加利雕刻这尊《酒神巴克斯》的，此时他一直住在加利的家中，而且在 16 世纪 30 年代，这尊雕像也一直在那里，彼时马尔滕·范海姆斯凯克（Maarten van Heemskerck）描绘了这尊雕像。它在那里

图 10 《酒神巴克斯》(*Bacchus*)，创作于 1496—1497 年，材质为大理石

出现并不一定意味着枢机主教拒绝接受这尊雕像——他可能是把它作为礼物送给了加利，或因为教皇亚历山大六世（Pope Alexander Ⅵ）试图在他的儿子胡安（Juan）被谋杀后限制枢机主教的奢华活动，因此被劝阻不要安置这尊雕像。[20]

米开朗琪罗一定会期望《酒神巴克斯》被安置在里奥里亚宫殿的庭院内，在那里游客就能在其面前驻足围观。这件作品的意义会随着观看视角的变化而改变。从稍微偏左一点儿的角度看，酒神巴克斯所持的酒杯完全遮住了这位神明的脸；[21] 巴克斯那呆滞无神的表情和摇摇欲坠的体态就浮现出来了。最后，顽皮地抱着葡萄的小鹿就出现了（图 11）。如果是在里亚里奥的宫殿里，观众只会注意到《酒神巴克斯》，但在加利的花园中，他们会在一个更加拥挤的、有很多古董遗物的环境中观赏它。这一新的环境必定激发了米开朗琪罗的灵感，令米开朗琪罗将《酒神巴克斯》做得更像一尊损坏了的古典雕刻作品。右手很可能是被米开朗琪罗有意折断的，如此便给这件作品赋予了一种更古老的气质；而到了 1553 年，当康迪维描述这座雕像时，折断部分已经被修复了。阴茎部分似乎也被损坏了，尽管这一区域的凿痕表明这种效果是故意为之的。[22] 到了 1591 年，《酒神巴克斯》被收入大公府（Grand Ducal）的

图 11 《酒神巴克斯》细节（侧面）

藏品中，而且被陈列在乌菲兹美术馆（Uffizi）的古典雕塑中。弗朗西斯科·博基（Francesco Bocchi）描述了这件作品是如何被放置在那里并因而“招致了比较”的；见多识广的观众发现，这种比较证明了“米开朗琪罗那举世无双的能力”。[23]

1497年夏天，在完成了《酒神巴克斯》之后，米开朗琪罗几乎是立刻就开始计划日后将成为他最钟爱的雕塑之一的作品，即《圣殇》（图12）。经由枢机主教里奥里亚和雅各布·加利的引荐，米开朗琪罗被介绍给让比尔赫雷斯·德拉格劳拉斯（Jean Bilhères de Lagraulas）。这位法国的枢机主教是在1491年跟随国王查理八世派出的代表团一起访问罗马的，而且他很快就让自己成了梵蒂冈和法国之间外交谈判的关键人物。1497年，这位枢机主教已经年近七十，而且身体每况愈下；《圣殇》本应是他的葬礼纪念碑。他于1499年8月逝世。[24]

《圣殇》最初的位置是在圣彼得罗妮拉（Santa Petronilla）礼拜堂，那是一个古老的罗马圆形建筑，与旧圣彼得大教堂南部的耳堂相连；这一圆形建筑在整个5世纪都被用作帝国的陵寝。在接下来的两个世纪里，礼拜堂因年久失修而坍塌颓败。但到了8世纪，圣彼得罗妮拉（St. Petronilla）的遗物被转移到了圆形建筑内，而且与此同时，她被指定为法国王室的特别保护者。圣彼得罗妮拉被认为是圣彼得的女儿，且是处子之身；无论事实真相如何，她的圣物箱纪念碑都被放置在了一个特别荣耀的地方。从某种意义上来说，她被葬在圣彼得的右手边，而圣彼得则被埋葬在教堂主祭坛的下面。[25] 放置她遗物的小礼拜堂与圣彼得大教堂的耳堂入口相对。游客在去往彼得罗妮拉的祭坛之前要先经过右侧的另外三个小礼拜堂。这三个礼拜堂

图 12　《圣殇》（*Pietà*），创作于 1498 年，材质为大理石

中的每一个都有自己的祭坛——有时还不止一个——上面装饰着工艺品、祭祀用品和蜡烛。[26]

我们并不知道米开朗琪罗所做的雕像具体安放在了什么地方，我们只知道它距离存放圣彼得罗妮拉遗物的小礼拜堂很近，或就在其中。它不可能在某个小礼拜堂的主祭坛上，因为那是专门为圣徒而建的，但它可能位于两个礼拜堂之间的基墩（pier）上，或在圣彼得罗妮拉礼拜堂的一堵边墙上，还有可能在附近的另一个礼拜堂中。这组雕塑几乎可以肯定是被放置在一个壁龛里，因为其背部没有抛光，但我们不知道它被放置得有多高。如果它被放在祭坛的后面，那它的基座高度就会达到 1.5 米左右，但这一雕像是特别委托为一座陵寝而设计的，所以它被放置的位置可能要低得多。[27]在这组雕像后面也许有一个耶稣受难像；康迪维提到，这一添加物可以在当时的一些但不是所有的复制印刷品中看到。[28]

关于《圣殇》位置的争论清楚地表明了观众关注的是什么，而且观众的感受在很大程度上依赖特定的观看视角。当从右边看时，圣母玛利亚的姿态完全展现在观众面前，但基督的头部则是看不见的。随着观众不断移动，基督的头开始进入视野。玛利亚的脸庞从低处看得很清楚。这些变换的焦点对应着朝圣者的移动路径，他们会沿着雕塑的前部缓慢地走过，也许会跪下来祈祷，然后再往前走。还有其他的细节需要仔细观察：基督手部、脚部以及肋部的伤痕被处理得如此巧妙，以至于从远处看来完全隐于无形。雕刻深度的不同也体现了观众的意识：基督的左臂——除非从头顶上直接俯瞰，否则几乎是看不见的——几乎像是浮雕那样雕刻的，而其他地方，如他右手上方和下方的褶皱，则被深深地雕刻过。褶皱使圣母的身体显得很巨大，而基督的身体则环绕着她的身体，这样就显得基督的身体没有那么巨大。

《圣殇》也是米开朗琪罗雕塑作品中第一件我们有证据证明公众对此做出了反应的作品。有一则逸事是说米开朗琪罗精心地在玛利亚的胸部饰带上留下了签名（图 13），上面的拉丁文翻译过来就是“当时，佛罗伦萨的米开朗琪罗正在制造这座……”据说米开朗琪罗之所以在作品上签名，是因为他无意中听到有来自伦巴第的人说《圣殇》是由来自他们家乡的艺术家雕刻的，[29] 这件逸事在瓦萨里犹豫了很多年并推测其可能发生后才报道出来，而且如果说这里有什么是可靠的话，那可能只是说明有许多人对这组雕塑感兴趣并且声称是自己的同胞所为。[30] 有确凿证据表明米开朗琪罗一开始就计划在雕像上题字，而且实际上这也是这个年轻人向更广泛的公众宣传自己名字和出身的好办法。[31] 雕刻题字所使用的透视技巧以及饰带上精确的措辞都表明，米开朗琪罗不仅精心策划了这件事，而且他还希望有一位经验丰富的观众能欣赏它。对未完成时态的运用表示了不完整性和过程性，而且题字本身在字面上看就是不完整的，因为单词 *faciebat*（他做了）消失在了玛利亚面纱之下，这最后一个单词就只能是推断的。这也许

图 13 《圣殇》中米开朗琪罗题字细节

很好地反映了波利齐亚诺的思想，他在多年以前就告诉米开朗琪罗，艺术就像诗歌一样，永远不会完结。[32] 而且波利齐亚诺（或米开朗琪罗遇到的其他任何一位博学之人）也许还告诉了他关于老普林尼（Pliny the Elder）的故事，这个故事是说古希腊的艺术家阿佩莱斯（Apelles）和波利克里托斯（Polyclitus）也都同样用 *faciebat* 给他们的作品题字。普林尼的逸事众所周知，而且 15 世纪和 16 世纪其他的艺术家也都以类似的方式在他们的作品上署名。[33] 对于那些理解这层关系的人来说，这个签名还表明米开朗琪罗将自己与古希腊最伟大的艺术家相提并论、一较高下——就像他在《半人马之战》或《沉睡的丘比特》中做的那样。

在一封向瓦萨里报告故事的信中讲述了另一件逸事，其中提到一名修女，她听说米开朗琪罗正在雕刻《圣殇》，于是便向他求了基督肋部伤痕处凿出的一块大理石碎片。[34] 这件逸事——被瓦萨里略去，也被学者们忽略——为一种不同类型的反应提供了证据，虔诚的妇女寻求《圣殇》的“遗物”，这就和她可能会想要玛利亚自己壁炉架上的遗物或基督肋部伤口的血一样。这座雕塑看起来是如此真实，以至于她将其想象成了真实形象的替代品。该组雕像所体现的现实主义被后来更多有代表性的文学名家所称赞，包括焦万·巴蒂斯塔·斯特罗齐九世·韦基奥（Giovan Battista Strozzi il Vecchio），他写了一首诗歌，被瓦萨里引用，描写了基督和玛利亚似乎“在大理石中活了起来”。这首诗，以及其他类似的诗，符合文艺复兴时期的传统，即把雕塑想象成真正的生命——只不过没有呼吸罢了。[35] 但对有些人来说，这尊雕像没那么真实：有人抱怨说米开朗琪罗的玛利亚太年轻了，根本不像基督死时那样是个年近五十的女人。后来有一些复制品修正了这一“缺陷”；一个例子是由南尼·迪巴乔·比焦（Nanni di Baccio Bigio）在佛罗伦萨的圣神教堂的德尔里乔－巴尔迪（Del Riccio-Baldi）礼拜堂创造的全尺寸的不同版本的大理石雕像。正如康迪维记录的那样，米开朗琪罗本人也对这些批评做出了回应：他说玛利亚的年轻是她纯洁的象征，因为处子是青春永驻的。所有这些反应都证明了这件雕塑的名望。米开朗琪罗从此成了公众人物。

第 2 章

大卫：英雄的身体

在罗马，米开朗琪罗经由两种途径取得了丰硕的成就：第一，通过与枢机主教的关系，他获得了一份委托，去为皮科洛米尼（Piccolomini）家族位于意大利锡耶纳（Siena）大教堂的祭坛制作几尊雕像；第二，他日益增长的名气使他能够更容易地在佛罗伦萨得到更可能成名的委托。其中最重要的当属巨像《大卫》(*David*)（图 14）。这件雕塑的历史表明，米开朗琪罗遇到了大量的挑战——包括材料方面的、艺术方面的、历史方面的，甚至是政治方面的。这件作品大获成功，而且成为世界上最具标志性的男性英雄裸体形象。

米开朗琪罗的《大卫》从来不是一座孤立的雕塑，而是要被摆放在佛罗伦萨大教堂（Florence Cathedral，Il Duomo）扶壁顶上的一系列先知雕像中的一座。这一系列的构思在 14 世纪就已经有了，正如在新圣母玛利亚教堂（Santa Maria Novella）的壁画上看到的那样，原本的设想

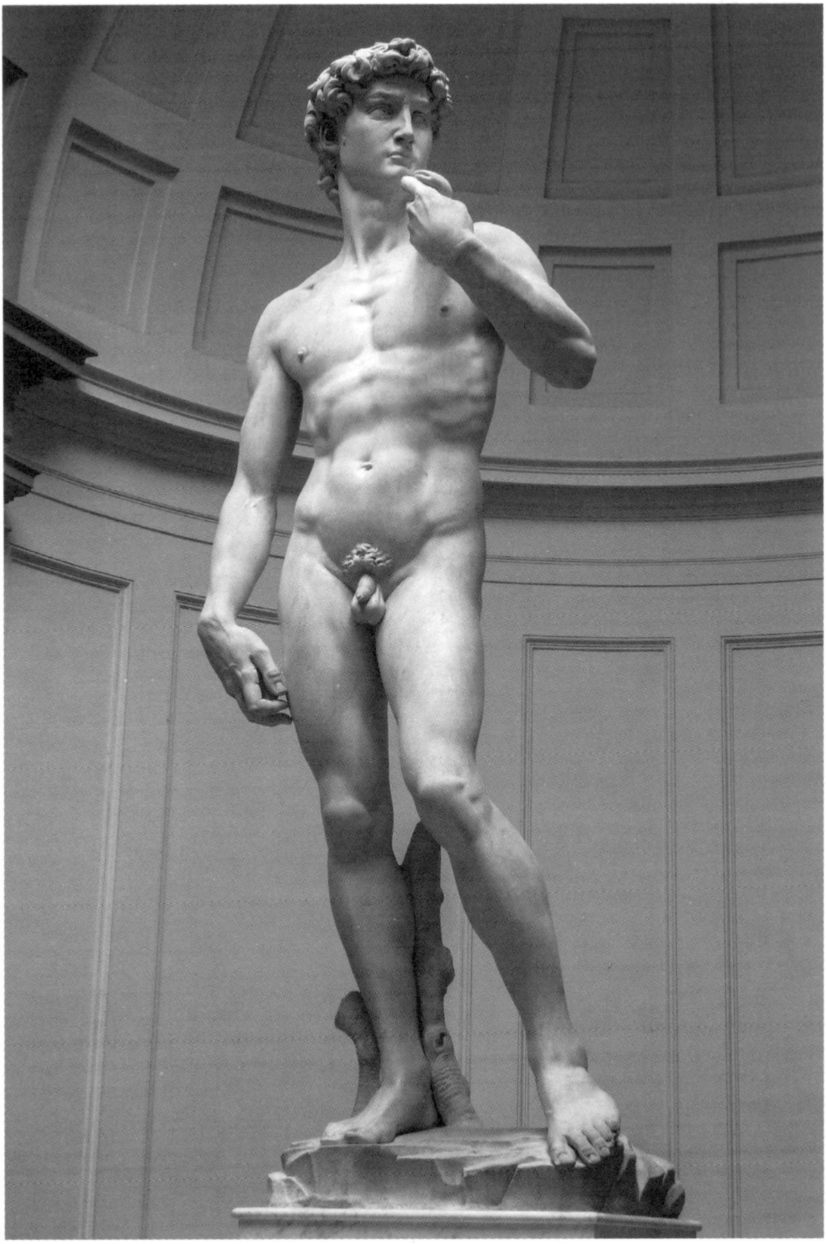

图 14 《大卫》（*David*），创作于 1501—1504 年，材质为大理石

是，不仅有沿着大教堂屋顶轮廓线摆放的雕塑，而且还有大教堂那完美的圆顶。但无论是雕塑系列还是圆顶都面临着同一个问题：佛罗伦萨人设想的工程项目已经超出了他们的技术专长。圆顶方面面临施工时如何支撑它的问题，还有将这样一个庞大的圆顶放置到已经存在的墙体上所面临的结构性困难：这意味着要将它升吊距街面约 50 米。上述问题只有到了 15 世纪 30 年代凭借菲利波 · 布鲁内莱斯基（Filippo Brunelleschi）的聪明才智才得以解决。那些先知雕像同样受到了已有墙体高度的影响：不仅要让这些雕像在那么高的地方也能被人看到，它们还得被提升到那样的高度，而且还要能世世代代坚守在那里。第一次想要认真尝试实现这一先知系列的努力发生在 1408 年，当时大教堂工作委员会（Opera del Duomo）委托多纳泰罗和南尼（Nanni di Banco）各自制作一座先知雕塑，尺寸比真人略大。[1] 尽管现在有很多人争论到底他们现存的哪些雕塑是为大教堂的扶壁而设计的，但这些没有一件足够大到能在那样的高度上还看得清。南尼的雕像起初被安放在教堂北面后殿一个合适的地方，但很快就被移走了；而在 1410 年，多纳泰罗收到委托要制作一个更大的雕像——这次是一个约 6 米高的约书亚（Joshua）雕像。这次所选用的材料是赤陶土，这是一种制陶用的材料，这些材料先是在窑中分段烧制，然后再将其吊升到扶墙上并组装起来。赤陶土是在一个相对低的温度下被烧制的，而且易受恶劣气候的损害，所以雕像被覆盖了石膏以资保护，这也给雕像带来了大理石的白色外观。这尊约书亚雕像至少一直到 17 世纪晚期以前都待在那里。在描绘大教堂的一些早期版画上还能依稀辨认出它的轮廓，而且当米开朗琪罗开始为这一系列添砖加瓦深思的时候，也会看到这座雕像。

还曾有人把试验继续推进，但其中最重要的进展大约出现于 15 世纪 60 年代，当时多纳泰罗的门生阿戈斯蒂诺·迪杜乔（Agostino di Duccio）接受了为大教堂雕刻一尊巨大的大理石先知像的任务。虽然相关记载表明他本打算用四块大理石来完成这件作品，但他一定是试图从一块巨大的石块上进行雕刻。显然，对他来说这个挑战实在是太大了，1466 年 12 月，就在他刚收到石块并开始雕刻后不久，他的委托合同就被取消了。[3] 又过了 10 年，安东尼奥·罗塞利诺（Antonio Rossellino）被委以重任，被要求用那个石块制作先知像，但他做了什么事情尚不清楚。在接下来的 25 年里，这石块就一直留在大教堂的施工场地内。

1501 年 7 月 2 日，大教堂工作委员会下令将这块近 6 米长而且现在已经风化得相当严重的被粗略雕刻过的大理石抬起，这样专家们就可以检验这块石头并决定它是否还能用来制作一件精致完美的作品。这块石头本身就被称为“大卫”。这一检验肯定之前就被讨论过一段时间，因为米开朗琪罗的父亲在之前一年 12 月写给在罗马的儿子的信中就提及了这件事。至少还有一位雕塑家，即安德烈亚 · 圣索维诺（Andrea Sansovino）也考虑过这个项目；他建议在这个石块上再接合上更多石块，如此便可从中雕刻出一个完整的人物形象。米开朗琪罗向委员会展示了一件蜡模，证明了他所设想的人物雕像可以只用这块残石制作而成；这具蜡模一直流传到 17 世纪。[4]

米开朗琪罗得到了这块大理石，而且大约在 6 周后，双方签署了委托合同。1501 年 9 月 9 日，他迈出了具有象征意义的重要一步：他猛击了“一下或两下”，将这块石头前部的一个突出物（nodum）敲了下来，这一突出物也许是阿戈斯蒂诺 · 迪杜乔将设计图样转换成精雕细刻时的残迹。这一大胆而公开的姿态申明，米开朗琪罗正在抛弃阿戈斯蒂诺的设计，并对这块石头采取了一种完全不同的处理方式。米开朗琪罗并没有逐步地削除石块四面的石料，这种方法需要以一个全尺寸的模型为参照，并将模型的尺寸大小机械地照搬到石块上，相反，米开朗琪罗是直接从俯视视角来处理这块石头的。几年之后，本韦努托 · 切利尼（Benvenuto Cellini）将米开朗琪罗的雕塑技术描述为在石块的表面创作草图，然后像雕刻浮雕那样进行创作。瓦萨里的描述更加绘声绘色，他说这尊雕像就好像是从一个正在排水的浴缸中逐渐显现出来一样。米开朗琪罗的方法之所以受到重视，是因为它是如此大胆且不同寻常，需要有能力在心中想象出整尊雕像并慢慢揭开它那神秘的面纱，就好像这雕像之前就藏在这石块中一样，而不是通过去除四周的薄层来逐渐塑形。

在米开朗琪罗第一个大胆的亮相之后，他的工作就被一个木制的围墙所遮挡而隐藏在公众视野之外；这肯定是为了减少公众对这一巨大工程进展的喋喋不休的议论。然而，公众的好奇心一定非常强烈，1503 年 6 月 23 日，公众被允许预先观看这座雕像；到了 1504 年 5 月，这座雕像就又被隐藏起来，彼时搬运这座已完成雕像的艰难工作开始了。

这尊巨大的雕塑《大卫》一开始就打算安置在大教堂北面后殿的一个角落里；后殿的建筑式样是八角形的，所以其角落就形成了一个斜角。2010 年，一个全尺寸的玻璃纤维复制品被吊起放进那个角落，此举是想知道若《大卫》曾经真被放置在那里是否会有预期中的效果。这次实验表明：首先，巨大的尺寸是多么必要，因为即使是那样巨大，在更大的建筑下也会相形失色；其次，米开朗琪罗的人物雕像的确成功地解决了斜角视野的问题，他将雕像的正面几乎完全地对准了后殿的一堵墙立面，而且人物凝视的目光和抬起的手臂也成功地绕过了转角处。头发的悬垂部分也提供了一道阴影，使得在天空的映衬下，脸庞显得更加美丽。如今，这座雕像矗立在学院美术博物馆（Museo dell’Accademia）中，大部分拍摄于此的有关这座雕像的照片，都是从大卫胸部的视角拍摄的。这些照片都展示了一个臀部纤细但是却有着更健壮的躯干和超大头颅的年轻人。在今天，当这座雕像被放置在一个恰好高出视线高度的基座上时，大多数观众在观看时也不会被这一奇怪的比例所影响。即使从这个视角来看，透视后退也可以纠正大部分的视觉扭曲。

然而，我们有理由怀疑，是否有人真的认为这座雕像可以被放置在扶墙上。在改用多纳泰罗的《约书亚》（*Joshua*）所使用的赤陶土后，为何还要考虑制作一尊同样大小的大理石雕像呢？为了保证雕像的安全，还需要额外的支撑，而且在安装过程中发生破损的风险会很大。当米开朗琪罗完成这件作品时，他一定也有这些疑惑，而在1504年1月25日，委员会曾开会决定雕像安放的最佳位置。[5] 本次会议记录的前言部分表明，米开朗琪罗最关心的是该雕像的结构支撑问题。在大约30名委员会成员中，大多数委员都是视觉艺术方面的专业人士，不仅包括了诸如达·芬奇和波提切利这样的画家、朱利亚诺·达圣加洛（Giuliano da Sangallo）这样的建筑师以及安德烈亚·德拉罗比亚（Andrea della Robbia）这样的雕塑家，还包括了木雕家、宝石雕刻家和金匠。除此之外，还有一名短笛演奏家和市政府的传令官。这次讨论的记录——其书写口气十分礼貌——说明这些人考虑了很多问题。那些赞成将这座雕像安放在佣兵凉廊（Loggia dei Lanzi）之下的人，强调了石头的防腐蚀问题，但也担心这会干扰公共仪式。将《大卫》放在佛罗伦萨的市政厅领主宫（Palazzo della Signoria）前或其庭院里，可以凸显出它的政治意义，而将它放在大教堂的台阶上则可以保留它的宗教意义。但这些考虑往往与这座雕像会被如何看到的担忧结合在一起：一名委员会成员坚持要将它放置在扶墙上，即它最初被设计要放置的地方。传令官弗朗西斯科·菲拉雷特（Francesco Filarete）意识到了这座雕塑所具有的潜在政治力量，如果这座雕像被放置在领主宫前面［他希望能以此取代多纳泰罗的《朱迪斯》（*Judith*），这件作品被他称为“死亡的象征……因为女人不该杀男人，这是不合适的”］，而作为第二选项，他建议将雕像放在庭院里，因为那里现存的雕像——多纳泰罗的大卫雕像——在那个地方看上去并不完美。波提切利主张雕像应当放置在大教堂角落的基座上，这样经过的人都能在那里看到它。建筑师朱利亚诺·达圣加洛同意波提切利的看法，但担心大理石的易损性，因而主张要放置在有遮挡的地方，也就是在佣兵凉廊下。要么放在凉廊的中心，这样人们就可以从各个角度观赏它；要么就靠着中间拱门的后墙，这样它就被装进了一个框内，好像是在神龛中似的。与那些希望将这座雕像放置在庭院内的人不同，朱利亚诺反驳说："这是一件公共事物。"金匠伊尔·里乔（Il Riccio）也主张将其安置在凉廊之下，但理由略有不同："应该是我们和路人过去看它，而不是雕像过来看我们。"也许他的意思是《大卫》的裸体形象太容易引起冲突——即如果有凉廊的遮蔽，公众就将自己选择走到那里并观看它而不是被动地观看。

也许最敏锐的意见来自那位短笛演奏家，他意识到了将《大卫》安置在凉廊的好处，但觉得有必要能够从四面八方都能看到雕像。然而，他的结论却是，将雕像放置到公众可以看到的地方会使雕像处于被故意毁坏的风险之中。也许出于这个原因，其他人建议将它放在庭院里，甚至是放在威尼斯大议会厅（Sala del Gran Consiglio，the Hall of Great Council）的宫殿里。这座雕像因其巨大的尺寸和其所展现的裸体而引人注目，即使当它被运送到领主宫前时——其会被安置在靠近门的位置——人们也会用石头砸它。[6]那些罪犯被逮捕和指认；他们的行为可能是纯粹的违法犯罪，而非出于政治信仰或强烈的道德感。即便如此，在《大卫》被竖立起来后不久，佛罗伦萨的最高行政官皮耶罗·索代里尼（Piero Soderini）就下令用铜制的花环将大卫的臀部围起来并盖住他的生殖器。[7]

当它矗立在领主宫前时，米开朗琪罗的这座巨像成了佛罗伦萨政治权力的象征，但它也成了迄今为止城市中最引人注目的对男性裸体的公开展示。到了16世纪早期，古典的裸体像越来越普遍，像多纳泰罗的青铜《大卫》那样的先例也广为人知。但先知那尊雕像最早的存放地点是美第奇宫（Medici Palace）里相对僻静的庭院；1494年，当美第奇家族被驱逐的时候，它才被转移到了领主宫内一座不一样的庭院内。米开朗琪罗的《大卫》是巨大的、公开的，而且更加“胆大妄为”。一位学者将铜制花环的出现同皮耶罗·索代里尼的妻子及其女性扈从居住在领主宫的事实联系起来。在此之前，女性是不准进入宫殿的；她们的丈夫在任职的两个月里会一直住在那里。索代里尼——他被选为该市政府的终身长官——肯定觉得有必要采取其他措施。[8]但这真的是集体羞怯的原因吗？即使如此，那花环似乎在此之后很久都依然存在；彼得罗·阿雷蒂诺（Pietro

Aretino）在 1543 年的一封信中也提到过。在一幅创作于 1600 年左右描绘纪念活动的画中，我们能够看到类似的花环也被放置在领主宫附近其他的裸体雕像上。[9] 另一方面，这一铜质花环也只是 1504 年为《大卫》制作的若干金色装饰物之一：树干和投石器都被镀了金，而且还有一个专为头部制作的花环（ghirlanda）。令人惊艳的是，在书面评论中几乎看不到对这座裸体雕像的评价；两位 16 世纪的观察家确实提到了这座雕像的比例似乎不太正确，但他们原谅了这一点，将其归咎于米开朗琪罗所使用的那块残石。[10] 似乎这尊雕像周围有一种光环，阻止了评论家们提及任何可能被视为缺陷的东西。[11]

这些批判性的评论和对羞怯的赞许都不能削弱《大卫》的力量。传统上，大卫象征正义战胜邪恶、弱者战胜强者，或者更具体地说是虔诚的基督徒战胜了压迫者，但米开朗琪罗的这尊雕像却更加复杂。[12] 大卫的传统装饰品，如石块和剑都不见了；他手里拿着的是搭在他左肩上的投石器，但投石器横跨过他的后背并紧贴着他的身体，尾部似卷筒状，握在他的右手中。大卫通常被描绘成一名青少年——《圣经》把他描述成一个年轻人——但显然米开朗琪罗所描绘的大卫更加成熟。《大卫》庞大的身躯、发达的肌肉以及姿势表明，米开朗琪罗在创作时想到的是大力神赫拉克勒斯，而且在佛罗伦萨和罗马也有很多这样的实例可以成为他的灵感来源（毕竟他在十年前就雕刻过一尊大力神像）。这种模糊性只增加了这样一种感觉，即大卫不仅代表了《旧约》中的人物，而且也代表了无所畏惧的力量以及反抗，无论敌人是谁。这尊雕像的意义在被重新安置以及新的领袖人物上台后都发生了改变。作为矗立在领主宫前的纪念碑，它获得了政治意义——作为共和国胜利的象征。之后，当美第奇家族重新掌权并占领宫殿时，它又成了美第奇家族胜利的象征。在经历了所有这些变迁之后，米开朗琪罗首次真诚地公开宣称，理想的裸体男性形象应当成功展示男性的男子气概（virtù）。

尽管《大卫》是米开朗琪罗在佛罗伦萨那些年月里创作的最大和最引人注目的工程，但他在 1501 年到 1505 年也接受了许多其他的委托：为锡耶纳教堂的祭坛制作 15 件大理石人像、一个真人大小的青铜大卫像、两件有关圣母圣子和施洗者圣约翰的大理石浮雕、一座全尺寸的圣母圣子雕塑。此外，他还参与了至少一幅版面画（panel painting）的绘制，还第一次接受了独立创作壁画的委托。这些项目在表达的主题和使用的媒介方面有显著的差异；而且它们的设计功能和所期望的观众类型也不尽相同。

这些委托之中，从抱负和目标观众的角度看，最像巨像《大卫》的就是《卡欣那之战》(*Battle of Cascina*)。要是这件作品能够完成，那这件宏大的画作将会有 7 米 × 17.5 米那么大，而且会被安置在领主宫内大议会厅(Sala del Gran Consiglio)的巨大空间内。但它没有完成。事实上，尽管若干初步设计图还有一幅会用来将部分设计转移到墙上的草图已经完成了，但这幅画从来都没开始过。我们对这幅壁画会如何了解建立在复原的基础上，而且这些复原工作在很大程度上是基于阿里斯托蒂莱·达圣加洛(Aristotile da Sangallo)制作的大小适中的复制品，这一复制品几乎是在米开朗琪罗接到这份委托的 30 年后制作的(图 15)。[13] 与矗立在领主宫前的《大卫》相比，《卡欣那之战》的政治意义甚至更加明显，并通过许多裸体人物的有力运动表现出来。

当米开朗琪罗雕刻《大卫》时，他可能有和多纳泰罗较劲的意思，但《卡欣那之战》的创作委托则是一场真正意义上的竞争。列奥纳多·达·芬奇和米开朗琪罗双双被委托绘制大型的战争场面，而他们的画可能都会出现在大议会厅最高行政官座位两侧那长长的墙壁上。[14] 达·芬奇在 1503 年秋天开始创作他的作品；就在他的《大卫》雕像揭幕一个月后，米开朗琪罗在 1504 年 10 月为他的画作订购了工具和原料。这两幅画都是要表现佛罗伦萨共和国历

图 15　阿里斯托蒂莱·达圣加洛复制　《卡欣那之战》（*Battle of Cascina*），创作于 1542 年，板面油画

史性胜利的场面：1440 年对抗米兰人的安吉亚里之战（the Battle of Anghiari），以及 1364 年对抗比萨人（Pisans）的卡欣那之战。由于米兰和比萨在 16 世纪初期仍然是佛罗伦萨的竞争对手，因而这些主题既能鼓舞人心又具有纪念意义。这些壁画，如果完成的话，将会由几个场景组成，但是这两幅作品的所有剩余部分都是这两位艺术家很可能想要展示的场景的复制品。达·芬奇为他的《安吉亚里之战》（*Battle of Anghiari*）挑选了一个人马纠缠的狰狞场面；米

开朗琪罗根本就没展现出一场战役，而是表现了一次突如其来的警报。将士们在溪流中沐浴，感到非常放松自在，这时他们的首领看到他们缺乏警觉，就发出了假警报。警觉，仍然很有必要，因为与比萨的斗争一直持续到 16 世纪，这也是米开朗琪罗创作的主题。

艺术竞争的情绪一定已经超越了创造视觉协调作品的欲望；然而，这两幅作品都没有完成，这就使我们无法对它们做出任何结论。我们也没有多少同时代观众留下的书面描述。在 1510 年的《回忆录》（*Memoriale*）中，弗朗西斯科·阿尔贝蒂尼（Francesco Albertini）简短地提到，列奥纳多的马还有米开朗琪罗的素描都在大议会厅，但他既没有描述它们是被如何展示的也没描述它们的效果如何。[15] 米开朗琪罗的草图被转手多次，直到其被揉搓得不成样子且分散得到处都是（时间可能早在 1515 年之前）。但是《卡欣那之战》曾被看到过——事实上，看过它的观众比米开朗琪罗能想到的还多。几位艺术家根据草图创作了素描图，并与其他艺术家分享。这些艺术家中最大胆的当属来自博洛尼亚的版画家马尔坎托尼奥·雷蒙迪（Marcantonio Raimondi），他于 1508 年在去罗马的路上访问过佛罗伦萨。马尔坎托尼奥的那些单个人物或特定群体的版画，在完全不同的背景下展示了米开朗琪罗笔下的人物，并移除其所在的政治环境。这些版画反过来又被其他人复制或模仿，它们当然有助于传播米开朗琪罗的名声。但毫无疑问，研究小型版画的感受非常不同于哪怕只是观察米开朗琪罗其中一幅原画中的裸体，这些裸体人像个个都有 3 米之高且肌肉发达，而且他们摆出的姿势也会令观众想象出每具身体所具有的张力和能量。通过这些草图的碎片及其版画复制品，《卡欣那之战》成了艺术家研究人体运动和解剖结构的一所学校；大家都在猜测，这是否也会鼓舞佛罗伦萨共和国的领导人。

甚至在接受雕刻巨像《大卫》的委托之前，米开朗琪罗就已经签署了另一份合同，为锡耶纳大教堂（Siena Cathedral）的祭坛制作 15 尊雕像。这是一份他当时很需要的委托：《圣殇》已经完成了，而且他手上还有一个为罗马圣阿戈斯蒂诺（Sant’Agostino）的教堂创作祭坛装饰画的委托，但是他想回到佛罗伦萨。[16] 赞助人是枢机主教弗朗西斯科 · 托代斯基尼 · 皮科洛米尼（Francesco Todeschini Piccolomini），他肯定知道米开朗琪罗在梵蒂冈创作的《圣殇》，因为他曾是枢机主教比耶尔（Bilhères de Lagraulas）遗嘱的法定执行人。枢机主教皮科洛米尼是教皇庇护二世的侄子，而且他自己也将于 1503 年 9 月 22 日成为教皇庇护三世，但他在当选之后的不到一个月时间里就去世了。

在教皇继承人的指导下，祭坛工作仍在继续，但合同中规定的十五尊雕像中只有四尊被交付了。未履行的合同义务预示着米开朗琪罗后来在教皇尤利乌斯二世陵寝项目上的挫败；这两件委托到了他晚年也一直困扰着他。[17]

皮科洛米尼祭坛（Piccolomini Altar）的委托最好能与圣多明我约柜做比较（图 7）。和那件早期作品一样，米开朗琪罗被要求为一件已经存在的装置创作雕像使其完整。大约 20 年前，该祭坛项目由安德烈亚·布雷格诺（Andrea Bregno）着手进行，他设计了祭坛的建筑框架，该框架在形式上类似于凯旋门，有着精美的浮雕装饰（图 16）。然而，与圣多明我约柜不同的是，该祭坛并没有被安放在一座小礼拜堂内，因此也就不会在某种程度上限制观众的观看位置。相反，它面朝大教堂巨大的中殿；观众从远处也可以仔细观察这些雕像的总体效果。签署日期为 1501 年 6 月 5 日的合同详细说明了雕像应当有两个手臂那么高（约为 116 厘米，尽管这些雕像每个都有大约 135 厘米高），但祭坛最高点上的基督雕像应当比其他的都要大，以使其适合眼睛观看的距离。[18] 这一特别的雕像从来没有完成，但另外两座雕像现在位于祭坛的最低处，即圣彼得像和圣保罗像（图 17），它们的尺寸和比例都被调整过了，以便适合近距离站在祭坛前的观众观看，观众的视平线会在这些

图 16　安德烈亚 · 布雷格诺等人 《皮科洛米尼祭坛》（*Piceolomini Altar*），开始创作于 1487 年，材质为大理石

图 17　《皮科洛米尼祭坛上的圣保罗》(*St. Paul*)，创作于 1501—1504 年，材质为大理石

雕像的基座附近。圣彼得向下看，而圣保罗瘦长的躯干从这一低角度来看就会消失。[19] 其他的雕像则比较平常，可能是因为他们只会从远处被看到。雕塑被看到的方式对赞助人来说也很重要。由于这位艺术家会在佛罗伦萨雕刻雕像，而不是锡耶纳，所以合同要求他去大教堂测量壁龛的尺寸。合同还详细规定他必须提交雕像的素描图纸，如此"就能看到他们的服饰和手势……在必要的情形下，就可以做一些增减"，而且米开朗琪罗同意让两位鉴定人对其完成作品进行评估——一位是由皮科洛米尼挑选的，另一位是由米开朗琪罗亲自挑选的，而如果这两位鉴定人不能达成一致，那么也会邀请第三位鉴定人。这样的评估对于普通艺术家来说并不少见，但这似乎是米开朗琪罗唯一一次被要求接受这样的评估。

米开朗琪罗于 1504 年交付的四座雕像分别是圣彼得、圣保罗、圣庇护和圣格列高利。他们的具体身份得思索一阵才能推测出来：彼得和保罗当然是那两个穿着简单服饰的人，而且可以被区分出来，因为传统上彼得的胡子较短；他们二人都拿着书，而不是各自常用的钥匙和一把剑。另外两个人物穿着教会服饰，一个戴着罗马教皇的三重冕，另一个戴着主教冠。由于他们二人都是教皇，上述差异并不是很有帮助，尽管可能戴三重冕的是圣庇护。这会使观众将加入圣徒之列的教皇庇护一世同两位皮科洛米尼教皇联系起来，这二人选择了这个名字并在该祭坛供奉。另一尊圣弗朗西斯的雕像起初是由彼得罗·托里贾诺（Pietro Torrigiano）开始建造的，而米开朗琪罗被明确地指示要“出于尊敬、礼貌和慷慨”来完成它（也就是说没有任何补偿），并且要与其他雕塑保持和谐一致。[20] 这一定很让人恼火，因为当他俩还都是基尔兰达约工作室里的青年学徒时，正是托里贾诺打坏了米开朗琪罗的鼻子。米开朗琪罗在那尊雕像上的工作似乎可以忽略不计，而且当然有可能把这些风格区分开来。有一些较劲因素也许可以解释米开朗琪罗雕像中那些更加复杂的装饰和姿势——恰恰与在圣弗朗西斯身上看到的托里贾诺的工作风格相反。但 1501 年的合同中也暗示了另一个竞争：合同写明米开朗琪罗的雕塑应当比罗马任何一座现代雕塑都要完美。因此，米开朗琪罗暗中与他自己创作的《圣殇》较劲，后者在当时已经声名远播了。可这次他失败了；他的注意力明显地集中在他同时正在创作的更为勇敢也更具挑战性的雕塑《大卫》上了。1508 年，米开朗琪罗试图从皮科洛米尼的委托中解脱出来。

皮科洛米尼的人物雕像与当时被委托的另一系列作品形成了鲜明的对比：要安放在佛罗伦萨大教堂唱诗班席座

中的十二使徒像。该合同于 1503 年 4 月 24 日签订，就在米开朗琪罗已经完成了《大卫》之前；也许也是在那个时候，大教堂工作委员会已经意识到，沿着屋顶轮廓线摆在扶墙上的先知系列像永远也不会按计划完成了。但十二使徒这个系列也永远不会完成；事实上，只有一座雕像在 1506 年开始动工了，即在原合同被取消之后。[21]《圣马太》（*St. Matthew*）（图 18）展示了使徒的动态姿势，他的左大腿向前屈，仿佛踏在一块支撑物上，而他的左肩向后压，而头又突然向右转。关于这座雕塑前所未有的姿势已经提出了多种解释：其灵感可能来自多纳泰罗为佛罗伦萨大教堂钟楼创作的《亚伯拉罕》（*Abraham*）雕像，或者其反映了米开朗琪罗对《拉奥孔》（*Laocoön*）雕像的第一手经验，这尊雕像在 1506 年 1 月于罗马出土时就邀请米开朗琪罗去做评估。米开朗琪罗的《圣马太》从未被安装过，但其他艺术家对这一系列所贡献的作品却被安装了，而且从他们的作品中有可能推断出，米开朗琪罗的作品原本是要被安放在右侧最后一个扶墙上的壁龛中的，就像一个人进入了圆顶下的空间一样。《圣马太》雕像那不同寻常的姿势可以解释为是呼应了会在主祭坛举行的圣餐礼。无论选择何种解释，这尊未完成的雕像都展现了一个活生生的人物形象从石头中浮现出来的画面，他的身体所呈现的运动姿态日后

图 18 《圣马太》（*St. Matthew*），创作于 1506 年，材质为大理石

将成为广为人知的蛇形花式（figura serpentinata）——似蛇般绕曲的姿势——而后来的作家们会说这种蛇形姿势要比任何其他姿势都更能体现生命的鲜活力量。[23] 如果说《大卫》和《卡欣那之战》允许米开朗琪罗探究尺寸、比例和男性身体姿势如何可以用来表达英雄的理念，那么《圣马太》就是他第一次尝试创造一个看上去真正处于运动状态的身体。

米开朗琪罗在为教皇尤利乌斯二世的陵寝创作的雕像以及在西斯廷教堂创作的壁画中都持续进行着这种实验，希望创造出一种强烈的生命感，这些我们将在之后继续讨论。不过，另一尊雕塑也值得在这里提及，尤其是因为它展示了米开朗琪罗如何在该雕塑的第二个版本中重新思考这个姿势。那就是位于罗马的神庙遗址圣母堂（Santa Maria sopra Minerva）的《复活的基督》（*Risen Christ*），这件作品由玛尔塔·波尔卡里（Marta Porcari）的遗嘱执行人于1514年委托创作。[24] 它本来是专门为了纪念她而建造的祭坛的一部分，这一祭坛曾计划安放在教堂的左侧过道回廊入口附近。米开朗琪罗在合同签署后不久就开始雕刻这座真人大小的雕像，但是在1516年他发现这块大理石在完工后会有一块难看的纹理，而且会出现在基督的脸上。于是他放弃了那座雕像，只留下一个粗加工的状态（图19）。

那座雕像是17世纪由另一位雕塑家完成的，但那时这个雕像的姿势已经确立了。1519年第二版（图20）开始在佛罗伦萨动工，也是在那里，米开朗琪罗正要开始设计美第奇礼拜堂（Medici Chapel）。1521年，当米开朗琪罗将其交给他的助手彼得罗·乌尔巴诺（Pietro Urbano）时，它已近乎完成，只能在它到达罗马后再最后完工。乌尔巴诺搞砸了一些细节，而费代里戈·弗里齐（Federigo Frizzi）就被要求来修复这些细节；弗里齐还设计了一个壁龛来安装这尊雕像。当雕像于1521年12月被安装时，其位置已经改变了。弗里齐曾在10月19日写信给米开朗琪罗，说神庙遗址圣母堂走廊的光线不佳，并提出另外两个安放地点——一个是在中殿，另一个则是在主祭坛左侧正对着的扶墙上。赞助人同意了相对靠近主祭坛这个更有名望的地方，我们今天还能在那里看到这尊雕像，尽管壁龛在19世纪被毁了。

这两尊《复活的基督》雕像的姿势截然不同。在第一个版本中，基督以一种适度的对立式平衡（contrapposto）的形式将身体倾斜，而在第二个版本中，人物姿势更加活跃：他的头部突然转向左侧，牵动他的左肩并用双手抱住右侧的十字架，而左手还拿着绳子、木杆和海绵。十字架本身就是倾斜的，如此，基督的动作只是为了必要的平衡。

图 19 《复活的基督》（*Risen Christ*）第一版，开始创作于 1516 年，材质为大理石

图 20 《复活的基督》（*Risen Christ*）第二版，创作于 1519—1521 年，材质为大理石

与此同时，他大步向前，仿佛从坟墓中走出来一样——若这尊雕像矗立在它原先的壁龛前的话，那这一视觉效果会更加明显。[25] 基督的形象及耶稣基督受难相关的装饰元素，使人们想到了《忧患之子像》(*Man of Sorrows*)，这是一种传统的艺术题材，通常会展示一个正面的、半身长的受难基督形象，而这也是虔诚的观众所期待的。但是在米开朗琪罗的雕塑中，这些装饰元素似乎只是象征性的，而不是折磨基督的真实物品——那座十字架尤其如此，它实在太小了。《复活的基督》的最终版本反而表现了基督在救赎叙事中扮演的角色。他的身体特征和活跃的姿势强调了他复活的胜利，而他手持的那些物品则令人回忆起他的死亡。在这尊雕像摆放的最初位置中，当一位观众从教堂穿行而过时，那些物品会是他或她首先看到的元素；然后，基督的脸会显露出来，把观众的注意力吸引到主祭坛上，以及在弥撒中对基督牺牲的重现上。

在这两个版本中，基督都是裸体的，正如合同中所特别规定的那样。这似乎并没有令同时代的很多观众感到不安，因为《复活的基督》大概总会穿着缠腰布。现在雕像上的那一块缠腰布只是近年来他穿过的若干缠腰布中最新的一件，这在早期的复制印刷品和最近的照片中都可以看到。《复活的基督》的右脚也覆盖了一只青铜的鞋子以作保护，因为要么会有虔诚的教徒触摸右脚以确认基督在复活后真实存在，要么就是年轻的女性会亲吻右脚认为这会带来桃花运。[26]基督突出的身体特征强调了他的身体的确已经从死亡中复活，但至少在一些观众的眼中，这也激发了更多的肉欲联想。

这些艺术创作上的探索是如何应用到这一时期米开朗琪罗所创作的女性形象上的呢？现在被称为《布吕赫的圣母》（*Bruges Madonna*）（图 21）的圣母子像是其中一个与皮科洛米尼祭坛委托重叠的项目，但将它安装在祭坛顶端壁龛中的想法似乎难以实现。[27]佛兰德斯的布商兄弟亚历山大·穆斯克龙和让·穆斯克龙（Alexander and Jean Mouscron）支付了这尊雕像的费用，该雕像于 1506 年被运往布吕赫。当它到达那里以后，被安装在圣母教堂（Church of Our Lady）中的圣餐礼拜堂（the chapel of the Blessed Sacrament）。它最初摆放的环境也相当简单，但在 1514 年，亚历山大·穆斯克龙的儿子为其定制了一座“奢华的神龛”；它现在所矗立的、设计更加精巧的环境可以追溯至 17 世纪。[28]这座礼拜堂是穆斯克龙家族及其后代的陵寝。当我们思考这件作品时，我们不得不想象圣母和圣婴的目光是向下的，指向一个正在祭坛前为逝者祷告的人。

《布吕赫的圣母》与梵蒂冈的《圣殇》有很多相似之处，

图 21 《布吕赫的圣母》(*Bruges Madonna*)，创作于 1503—1506 年，材质为大理石

后者是在八年前制作的，彼时米开朗琪罗正在罗马。这两件作品都是为葬礼礼拜堂设计的，而且它们的表面都经过了精心抛光，当它们被安装时就可以明显地看出来。这两件作品中的圣母身上都披着织物，这些织物都呈现出深陷且复杂的褶皱，有时看上去似乎是过分装饰了。这种对织物质感的精心再现可通过如下事实来解释，即这些作品是由来自北欧的赞助人委托制作的，在北欧，这种艺术性的展示是非常受欢迎的。在这两件作品中，玛利亚都将耶稣夹在她宽阔的双腿之间——暗示耶稣从她的身体中诞生。玛利亚的表情在这两件作品中都十分平静安详：她是高贵和力量的典范，无论她手握着的是一个精力充沛的孩子，还是她饱受折磨的儿子那毫无生气的身体。但也是在此处形成了鲜明的对比，因为在《圣殇》中的基督已经耗尽了生命，而在《布吕赫的圣母》中，圣婴是扭动不安的——和其他孩子一样充满了生命力。圣婴从圣母的膝部滑落，同时还抓着母亲的拇指。圣母握着圣婴的手，但是很放松，就好像她知道对儿子的这一次放手，就像她在耶稣受难后对他身体最后一次放手一样，是必然的，也是注定的。圣婴的举止和他的母亲一样庄重严肃；他向前走着，仿佛走进了二人都已知晓的命运之中。

1504 年到 1506 年，佛罗伦萨还有其他一些作品描绘了圣母子的主题。有两件是雕塑，一件是绘画，但所有这三件作品都是用于私人住宅的。那件未完成的大理石浮雕是为塔代奥·塔代伊（Taddeo Taddei）和巴尔托洛梅奥·皮蒂（Bartolommeo Pitti）制作的，而《圣家族》（*Doni Tondo*）（图 22）极有可能是在 1504 年于阿尼奥洛·多尼（Agnolo Doni）和马达莱娜·斯特罗齐（Maddalena Strozzi）的婚礼之际制作的。[29] 同时期画框上出现的斯特罗齐家族

图 22 《圣家族》（*Doni Tondo*），创作于 1504 年，蛋彩画板画油画

的盾形纹章彰显了新娘家族的地位，这一画框可能是由米开朗琪罗设计的，但不是由他雕刻的。这三件作品都采用了圆形样式（意大利语即“tondo”，圆形纹样画），这种样式在 1480 年到 1515 年的佛罗伦萨特别流行。大多数时候，圆形纹样画描绘的都是“圣母子”或“圣家族”，通常伴有婴儿时期的施洗者圣约翰；圆形纹样画通常会陈列在家中，最常见的是在卧室里。它们常与家中的另一种装饰品密切相关，即出生托盘（desco da parto）。出生托盘（Deschi）是有两面的浅碗，经常表现被渴盼已久的男童，而圆形纹样画是用于祈祷的物品，表现的是基督的理想家庭。[30] 不过，这些画也会让观看者联想到交叉的含义：这些图像呈现了圣母玛利亚和圣婴基督，以此作为慈祥的母亲和一个活泼、健康小儿子的榜样范本，同时也作为男男女女用来为自己家族祈祷的虔诚的图像。

所有三件米开朗琪罗的圆形纹样画都包含有圣母、圣子和施洗者圣约翰，而且在所有这三件作品中，圣婴都是一个活跃的、非常有人情味的孩子——攀爬、大笑或回应逗弄身旁人。在这三件作品中，圣母都泰然自若，谦逊地坐在地上或岩石上，同时抱着或伸手去够她的孩子——但并没有束缚他。然而，《圣家族》更为复杂。圣母玛利亚坐在地上，她向后探身靠近年幼的基督，但她的手指弯曲的方式却让人费解。如果她正从圣约瑟（St. Joseph）那里接过孩子（或者像瓦萨里说的那样，把孩子交给圣约瑟），那么她肯定会有一个更开放的姿态。她的左手似乎在提醒我们注意基督的生殖器，这表明他生来就是一个真正的人。圣约瑟用一只手抵在小基督的胸部以稳住他，并皱着眉头盯着他。玛利亚和年轻的圣约翰也盯着他，但与圣约瑟的态度形成了对比，体现出一种更疼爱的感觉。这一家人被安置在一道低矮的墙前，墙把他们同圣约翰还有那五个在背景中赤身裸体的年轻人隔开，这五个年轻人在背景中坐在岩脊上懒洋洋地打发时光；圣家族和圣约翰都没有注意到这几个人的存在。

作为家庭画，《圣家族》提醒一个家庭应当以圣家族为榜样，还提供了父母指导、关心和力量的榜样。圣母玛利亚那肌肉发达的手臂也经常被学者注意到——有时会带着愤慨或反感——而且可以轻易地解释清楚，因为在画室中通常使用的都是男性模特。然而，米开朗琪罗的其他玛利亚形象，从梵蒂冈的《圣殇》到同时代的《圣家族》，都有更女性化的比例以及被覆盖的手臂。在这幅画中，他似乎有意使用女性身体上的力量作为内在力量的表征，就像他在《大卫》和《圣马太》中使用男性身体那样，还有《卡欣那之战》中的将士们。[31] 与圣母玛利亚、小基督还有圣约瑟那轮廓分明的身体相对,《圣家族》背景中裸体的年轻男性看上去都很模糊，而且他们的动作都很无力。对这些人物形象的解释多种多样：他们被解释成异教徒，与那些生活在律法统治时期（希伯来人）或在恩典下（从基督时代开始）的人形成对比；他们被解释成有美德的运动员；或被解释成处于地狱边境（Limno）未受洗礼儿童的灵魂，而现在已经长到了理想的年纪。[32] 他们是否会被看作与轮廓清晰且活跃的圣约瑟形象相对呢？此处的圣约瑟是成熟成年人的典范，也是一位慈父的好榜样。

米开朗琪罗可能觉得他可以自由地在这幅画作中试验这种题材的极限，因为阿尼奥洛 · 多尼是他的朋友。这幅画最近的前例就是他在为美第奇家族成员工作期间看到的一幅画作。那幅画是由吕卡 · 西尼奥雷利（Luca Signorelli）绘制的，他是米开朗琪罗非常崇拜的艺术家，而且西尼奥雷利可能曾将这幅画呈给洛伦佐 · 德 · 美第奇，而且就在米开朗琪罗在美第奇家的花园工作的时候。[33] 这是一幅长方形的油画，画面里还包含一个画上去的圆形纹样画，而其中就描绘了圣母和圣子，而且背景中有三个裸体的年轻男性。西尼奥雷利显然试图用他对人体的了解，可能还有他在常见题材中加入精心设计的含义的能力，来打动美第奇家族，而米开朗琪罗也可能一直都在这么做。但是，正如瓦萨里详细讲述的一则逸事所揭示的那样，阿尼奥洛·多尼一定期待着某种更加普通的东西。他拒绝接受米开朗琪罗为圆形纹样画开出的价格——70 达克特金币——相反却提出了 40 达克特金币的报价。经过进一步的讨价还价，阿尼奥洛最终支付的费用是米开朗琪罗最初开价的两倍。

第 3 章

陛下的愿景：教皇尤利乌斯二世的项目

在 1505 年，米开朗琪罗被朱利亚诺·德拉罗韦雷（Giuliano della Rovere）召唤到罗马，后者在两年前就已经当选为教皇，即尤利乌斯二世。教皇心中所想的就是他自己陵寝的项目。米开朗琪罗最初的设计方案是一座墙壁式墓碑（wall tomb），其中教皇的身体由天使抬起安放在圣母和圣子前面；一名女预言家和摩西会在较低的一层，而在那下面，穿着衣服的人物可能代表着圣徒（图 23）。[1] 不过，这个方案很快就变得更加宏伟，而且在精神气质上也更具有古典主义色彩。康迪维将其描绘成一个独立式的纪念碑，有 18 只手臂（braccia）那么高，12 只手臂那么宽（约 10.5 米 ×7 米）。从它的三个层次来看，学者们估计它的高度在 7 米到 12 米。第二层会有四个人物（康迪维只提到了摩西），而在这之上，天使托着雕刻精美的石棺，但没有向下朝石棺看的圣母和圣子。在最下面的一层会有一些

图 23 《教皇尤利乌斯二世陵寝设计方案》（*Design for the tomb of Julius II*），钢笔墨水手稿

为胜利者准备的壁龛，在这些胜利者之间会有绑在方形石柱上的战俘。康迪维将这些胜利者视为文科七艺的化身（米开朗琪罗将绘画、雕塑和建筑包含进这组群像中），而当尤利乌斯去世时，这些化身便会成为死囚，因为不会再有人像教皇尤利乌斯二世那样喜欢他们了。

瓦萨里对原始设计的描述有所不同。他说被缚的人物代表了尤利乌斯征服的行省（尽管他也说有的被缚人物也象征着七艺），而且指出两名支撑棺材架的人物代表的是天堂和大地。尽管瓦萨里通常很依赖康迪维的叙述，但他对尤利乌斯军事征服这一象征意义的强调似乎更像是这位教皇会优先考虑的事。尤利乌斯二世曾把自己塑造成第二个尤利乌斯·恺撒（Julius Caesar），而且他很快就着手为教会攻城略地。对于知识渊博的观众来说，巨大的独立式多层墓碑可能会使人想起罗马皇帝的丧葬纪念碑，而不是更加典型的教皇所使用的墙壁式墓碑。[2]

同样在此时，教皇的建筑师多纳托·伯拉孟特（Donato Bramante）正在构思圣彼得大教堂（St. Peter’s Basilica）的翻新设计，这也符合尤利乌斯的雄心壮志，即一个基督教统治的罗马，它的荣耀将与皇城的荣耀相媲美。伯拉孟特大约在1500年从米兰来到罗马，并迅速成为一名建筑师，负责督建蒙托利欧的圣彼得罗大教堂（San Pietro in Montorio）中具有古典风格的坦比哀多礼拜堂（Tempietto）。当尤利乌斯于1503年当选为教皇时，伯拉孟特就成了教皇的首席设计师和密友；伯拉孟特有能力为教皇的雄心描绘蓝图。伯拉孟特可能已经计划将教皇的陵寝放置在圣彼得大教堂外可容纳数个棺椁的墓穴中，但最终教皇决定将陵寝安放在大教堂西侧唱诗班祭坛延伸部分，矗立在50年前就已经建好的基座上。后来发现连这个计划都是不够的，而且伯拉孟特被要求重新设计整个圣彼得大教堂（参见第7章）。尤利乌斯二世的陵寝仍将坐落在教堂最受尊敬的地方，就在主祭坛的后面。从一开始，教皇和米开朗琪罗之间的分歧就导致了项目延迟，而其他一些重要的委托项目也将这位艺术家的注意力从陵寝上转移开。其中还包括尤利乌斯自己交给米开朗琪罗的委托：首先是制作一尊他自己的纪念碑铜质雕塑，这尊雕像一度矗立在博洛尼亚（Bologna）的圣彼得罗尼奥大教堂（San Petronio）的正面，之后就是为西斯廷礼拜堂的天顶作画。在教皇去世后，这座陵寝的设计又回到之前的墙壁式墓碑方案上，而且上面的雕塑数量也减少了。在这座陵寝最终于1545年在温科利（Vincoli）的圣彼得罗大教堂安置完成前，尤利乌斯二世的陵寝都一直令米开朗琪罗大为烦恼。历经世事浮沉，即使这项委托作品安放的环境和作品要求都与当初计划的大相径庭，但米开朗琪罗仍然指挥着设计并会考虑观众的感受。

要是这座独立的墓碑能够建成并安置在圣彼得大教堂唱诗班祭坛的延伸部分，那么就可以从教堂的中殿看到它，它会矗立在那里，越过标志着第一位使徒陵墓的祭坛。尽管很难想象，但这座墓碑会比两层楼还要高，和这座教堂内部巨大的空间很相称。光线透过上方屋顶顶点的圆孔和拱顶附近顶壁上的窗户照亮墓碑。为圣母玛利亚而建的祭坛会位于墓碑上方的半圆壁龛里，而旁边的小礼拜堂将可能用来保存西克斯图斯四世的墓碑，这座墓碑是从教堂南侧的诵经小堂（Cappella del Coro）迁移至此的。西克斯图斯的墓碑是由安东尼奥·德尔波拉约奥洛（Antonio del Pollaiuolo）于 1484 年受尤利乌斯二世委托建造的，彼时的尤利乌斯还只是枢机主教。这座墓碑展示了西克斯图斯的雕像，周围环绕着美德天使，低处则陈列着人文学科的化身，包括传统的文科七艺，还有哲学、神学以及绘画中的透视法。也许康迪维的描述反映了米开朗琪罗的个人意图，即在两个墓碑之间建立一种对应关系。如果西克斯图斯的墓碑被安置在附近的一间小礼拜堂里，那么这两座墓碑就会接连被观众看到，这就会使观众在它们之间做出联想。但是这两座墓碑之间的对比也非常明显：西克斯图斯墓碑不高，高出地面不到一米，显示了这位教皇的谦逊。尤利乌斯二世那巨大的墓碑则会昭示着他的勃勃野心，而且可能对一些观众来说，也体现了他的狂妄自大。

只有三件雕塑——《摩西》(*Moses*)、《垂死的奴隶》(*Dying Slave*)和《反抗的奴隶》(*Rebellious Slave*)幸存下来，可以与1505年版本的墓碑联系起来。其中，《摩西》(图24)是用来放到墓碑的第二层的，其能最好地体现米开朗琪罗是如何为观众着想的。如果墓碑能像计划那样是一座独立式的纪念碑，而且呈长方形，那么摩西的身体位置和目光就会如巨像《大卫》那样，绕过一个角落并引导参观者在该建筑物周围巡行。当独立纪念碑在1513年被重新构造成一座墙壁式墓碑时，就不需要围着它巡行了，但是它的侧面仍然延伸到了距离墙壁近8米的地方。在乌菲兹美术馆(Uffizi)的一幅素描图(图25)中——现在被认为是米开朗琪罗本人所作——摩西扭过头去，好像在与更远处的人物交谈一般，而另一幅在柏林由贾科莫·罗凯蒂(Giacomo Rocchetti)创作的素描图中，摩西则在右侧角落，正对前方。[3]但这两幅素描中的摩西形象与最后成品雕塑的摩西形象有很大不同。也许摩西头部的强烈扭动和后撤的大腿会被沿着纪念碑一侧的另两尊人物形象所平

图 24 《摩西》（*Moses*），创作于 1513—1516 年，材质为大理石

图 25 《尤利乌斯二世墓碑素描图》(*Modello forthe tomb of Julius II*),创作于 1513 年甚至更晚,钢笔、棕色墨水

衡;1513 年的委托合约里特别规定了要在第二层放置六个坐着的人物,不过没有规定他们的身份。然而,这份合约也明确指出,这些坐着的人物应该有真人大小的两倍,以适应他们与观众视线的距离。今天,在温科利的圣彼得罗大教堂,这种高度和距离都已经消失不见,而摩西则安坐在靠近地面的地方,只用一根细栏杆将游客挡在距他几米远的地方。

那些俘虏们——现在被称为《垂死的奴隶》和《反抗

的奴隶》（图 26、图 27）——可能在第一个版本的墓碑中就有所计划，但直到 1513 年才开始制作。这些俘虏们是为墓碑最底层设计的，早期的素描图表明，他们是站在基座上的，这样就可以把他们抬升到视平线以上，但并没有抬升得那么高。他们之间可以靠得非常近，并且可以比较他们之间的差异。《垂死的奴隶》中，人物姿势更加温柔优雅，尽管被束缚着，但似乎是睡着了，而在《反抗的奴隶》中，人物则更加粗鲁，奋力挣扎着反抗束缚。尽管没有可能完全从后面观看他们，但观众可以瞥见这位垂死的奴隶身后有一只猿猴正向外看去。这种生物可能象征着绘画艺术（绘画是"自然的猿猴"），当然，其他的解释也是存在的。[4] 在 1532 年的计划中，这些俘虏可能会位于《摩西》的两侧，但是在 1542 年，墓碑又被再次重构，而他们就被《积极的生活》（*Active Life*）和《沉思的生活》（*Contemplative Life*）这两座寓言雕像所取代了。现在这两个人物被认为是利娅（Leah）和拉结（Rachel），她们是《创世纪》中雅各的两名妻子，但米开朗琪罗对但丁《炼狱篇》的解读决定了她们的形象。[5] 所有与尤利乌斯的军事征服或艺术支持有关的设计细节都被抹去了。尤利乌斯二世的继承者也赞同这种替换——米开朗琪罗认为这些俘虏太大了，而且也不再能与墓碑的新结构相协调。由于墓碑不再需要

图 26 《垂死的奴隶》（*Dying Slave*，尤利乌斯二世墓），创作于 1513 年，材质为大理石

图 27 《反抗的奴隶》（*Rebellious Slave*，尤利乌斯二世墓），创作于 1513 年，材质为大理石

这些俘虏雕像了，所以米开朗琪罗将裸体俘虏像给了他的朋友罗伯特·斯特罗齐（Roberto Strozzi），以感谢其允许在自己病重时留在他家里休养。这些雕像被运往法国，并且最终进入了皇家收藏。[6]现在，它们作为独立的雕塑陈列在卢浮宫，脱离了它们原来的环境。

另外五个人物，即所谓的《波波里花园奴隶》（*Boboli Slaves*）和《胜利女神》（*Victory*），也都与墓碑相关。合同中并没有约定《胜利女神》，但瓦萨里在描述为墓碑制作的雕塑中一并提到了它，而且这尊雕塑的主题完全符合瓦萨里在早期独立式墓碑版本中所看到的征服主题。[7]为第四版墓碑设计并在1520年左右动工制作的《波波里花园奴隶》尺寸要比《垂死的奴隶》和《反抗的奴隶》更大，而且可能是想要用来支撑柱上的楣构（entablature）而非单纯放在胸像柱上。1520年后，当米开朗琪罗的注意力转移到美第奇家族的项目上时，这些雕塑的创作肯定是断断续续进行的。1532年，它们仍然被认为是项目中的重要雕塑，因为当时起草的合同中提到了它们。当时，人们正在讨论该墓碑放置的新地点，即人民圣母教堂（Santa Maria del Popolo），但米开朗琪罗坚持认为墓碑应该被安置在圣彼得镣铐教堂，因为那里的光线更好，教堂也更宽敞。

1542 年，当米开朗琪罗搬到罗马时，这五尊雕像都留在了他位于佛罗伦萨的工作室里。后来，《胜利女神》在有着表现其他类似主题雕像的领主宫五百人大厅（Salone del Cinquecento，原名为 Sala del Gran Consiglio）中找到了合适的归宿。1565 年，它在那里被安置在了描绘胜利打败锡耶纳的油画下面。而《波波里花园奴隶》则被重新放置到了全新的环境中。1585 年，它们被安置在美第奇家族的波波里花园（Boboli Gardens）碧提宫（Palazzo Pitti）附近由贝尔纳多 · 布翁塔伦蒂（Bernardo Buontalenti）设计的人工洞穴中。在那里，它们似乎支撑着洞穴的巨大重量。它们那未抛光的状态，在现代观众看来是米开朗琪罗剧烈斗争的象征，即要将雕像从石头中解放出来，或者解救深陷物质中的灵魂，然而在当时，人们认为这只是自然的腐蚀造成的粗糙而已。这些雕塑，连同其他的牧羊人、动物、神和仙女雕塑，似乎被岩石的增生、蕨类植物还有不断滴落的水滴包围了。这个人工洞穴是可以供游客避暑的地方，而且人们也可以在这里欣赏布翁塔伦蒂的创造以资消遣。有一名观众，即弗朗西斯科 · 博基（Francesco Bocchi），想象米开朗琪罗的这些人物是在拼命逃离这座即将塌陷的洞穴。这种想象使他既害怕又高兴。[9]

即使在规模缩小的情况下，尤利乌斯二世的纪念碑在圣彼得镣铐教堂中也确实成了著名的旅游景点。这座墓碑的版画经常被收入《罗马辉煌写真集》(*Speculum romanae magnificentiae*)中。[10] 来罗马观光的游客和无法到罗马的好奇的外国人会收集这些版画。《罗马辉煌写真集》中的大部分版画都是古罗马时期的纪念碑或雕塑；而米开朗琪罗的作品被收录其中则充分说明了当时的人们对那件作品的评价有多高。有时这些收集品中会包含一幅《摩西》，但此处的摩西会从其周围的雕塑和建筑中独立出来，而且《摩西》也会在旅行指南中以配图作详细说明，如彼得罗·马尔蒂雷·费利尼(Pietro Martire Felini)的《罗马城奇迹新集》(*Trattato nuovo delle cose maravigliose dell'alma città di Roma*)，而米开朗琪罗的作品被归到专门的古典雕塑部分。瓦萨里指出这座墓碑也很受犹太朝圣者的欢迎，他们数百人在安息日"像椋鸟一样，来拜访并膜拜(《摩西》)，因为他们膜拜的不是一个人而是一件神圣的事物"。虽然一些犹太游客——像是基督徒游客——可能的确成群结队地观赏这座雕像，但瓦萨里的陈述是一种精心设计的修辞之术，暗示了《摩西》雕塑是如此美妙和充满力量，甚至连禁止偶像崇拜的犹太人都不得不膜拜它，而且可能甚至因它而改变了信仰。[11]

正当米开朗琪罗为教皇的墓碑采购大理石块时，尤利乌斯二世又在考虑另一个项目了。关于1506年4月发生的事件有多个版本的描述，彼时米开朗琪罗气冲冲地离开了罗马返回佛罗伦萨，但所有的描述都表明尤利乌斯不想再在墓碑上花钱了。他已经花费了超过1600达克特金币，其中一些可能还被转移到了米开朗琪罗自己的投资中。[12] 罗马教廷皇宫最重要的礼拜堂的天花板出现了多处裂纹，需要重新绘制。西斯廷礼拜堂的项目很可能被认为是比墓碑项目更迫切也更便宜的。在1506年5月10日的一封信中，建筑工人皮耶罗·罗塞利（Piero Rosselli）告诉米开朗琪罗，他听说教皇和伯拉孟特正讨论米开朗琪罗绘制西斯廷天顶的资格问题。伯拉孟特指出，米开朗琪罗在绘画方面几乎没有经验，而且天花板的高度和曲率会带来视觉上的扭曲，就连经验丰富的绘画大师也会感到困惑。当时米开朗琪罗在壁画方面的经验确实相当有限。他过去在基尔兰达约那里工作时曾学到了一些工序方面的知识，但他受委托创作的唯一一幅壁画就是《卡欣那之战》，而这幅画也永远停留在了草图的阶段。

米开朗琪罗面前的任务是艰巨的。西斯廷礼拜堂是罗马教廷皇宫三座教皇礼拜堂中最大的一个。这里是教皇、枢机主教以及其他教会和城市领袖会出席的仪式的举办场所。[13] 公众也可以观看这些仪式；然而，公众参观者的数量和身份当然也会被限制。那些可以在祭坛围屏后面观看仪式的观众很可能是枢机主教或其他官员的扈从。[14] 女性是不允许进入的。这些观众只能站在围栏或屏风后面，一开始这个空间就被大致划成了两半。有时候这一空间也会对所有公众开放，例如当创作完成的天顶画揭幕时，但可能在那个时候观众会被驱使着匆匆穿过礼拜堂。他们几乎没有什么时间、而且可能也没什么意愿、去思考他们看到的图像可能具有的含义。米开朗琪罗的画必须与礼拜堂内已有的装饰壁画相互协调（图 28）。这些画包括由佩鲁吉诺（Perugino）创作的祭坛装饰壁画，其描绘了圣母玛利亚蒙召升天的故事，而这座礼拜堂就是献给圣母玛利亚的。在祭坛装饰画的另一侧是一些叙事性画作，从观众的角度看，左侧画作描绘了寻找摩西的故事，而右侧的则描绘了耶稣降生。[15] 这两则故事是环绕整个礼拜堂的系列壁画的开头，展现了摩西和基督相似的人生经历，他们都是他们人民的领袖，而且也预示着教皇的权威。叙事的时间顺序也暗示了从祭坛周围每堵墙到门的观赏动线，但是穿过礼拜堂的反向动线也同样重要：摩西生平的每一个场景都与基督生平的每一个场景有相似的对应。通过作品中的相似点以及每幅画上面的标题，观众被鼓励在礼拜堂的两侧之间互相眺望，并在对应的画作之间寻找联系。在这些叙事

图 28　西斯廷教堂内景（面向东方）

性画作的上面是早期教皇的肖像画，而天花板则在蓝色的背景上展示了星座。

这些 15 世纪的壁画确立了这座礼拜堂的主题：圣母玛利亚的重要性、教皇权威的首要地位以及给予礼拜堂赞助人西克斯图斯四世（Franceso della Rovere）的特殊荣誉。它们还建立了一个视觉结构来将礼拜堂建筑结构的各个部分形成有意义的、连贯的整体。高大的落地窗（每面墙上有五扇，而最初在两侧端墙上有两扇）上方还有半圆壁。通过角落的穹隅和被称为穹顶分隔间的大致呈三角形的构造区域，它们与天花板弯曲的穹隆连接在了一起。这些叙事壁画和它们下面画出来的帷帐由绘制出来的逼真的壁柱分隔开，这些壁柱延伸到主檐板上方时变成了真实的壁柱。这些框架元素的三维性质使得那些教皇肖像画中的壁龛看上去像是真的凹进去了一样，而教皇们的身体通过清晰的投影也被赋予了一种真实感。

尤利乌斯的想法是将十二使徒画在分隔壁柱的凸起的拱肩上。1523 年，米开朗琪罗在他写给朋友焦万的信中描述了这一设想。这一主题也足够合理，因为使徒们会将基督的事功和后来在西斯廷礼拜堂墙面上画的教皇联系起来。流传下来的关于天顶画总体设计的素描图表明了米开朗琪罗最初是如何努力按照这个想法进行创作的，但是困难很快就出现了。当他第一次画这些草图时，他也许没能完全理解天花板的实际几何形状，或者是因为他还没有机会亲眼观察它。[16]他努力想要将那些座天使和半圆壁上的穹隅和穹顶分隔间统一起来，但那被证明是不可能的，而且只有当他开始想到要有一个单独的檐板以构成更大的中心场景时，设计上才能达到统一的效果。正如伯拉孟特早先意识到的那样，米开朗琪罗在创作与建筑有关的设计方面缺乏经验，而且甚至有人提出，伯拉孟特可能曾协助米开朗琪罗设计檐板（cornice）。[17]

当十二使徒的想法被放弃后，天顶画的整个创作理念就改变了。这些创作的主题并没有赞颂基督的人类追随者，而是变得更加宽泛，可以追溯到时间诞生之初。这个时候，神学顾问可能已经被召唤而来了——有很多名字被提到过——但米开朗琪罗的主要关注点肯定是他的画作应当从视觉的层面上被理解以及传递信息。无论是教皇念诵祷文的列队还是站在围屏后面的观众，参加圣会的人都会从东侧墙的门内进入礼拜堂。从那里开始，沿着天花板中心脊梁排布的叙事场景在视觉上就会近乎垂直地呈现出来（图 29）。这些历史故事中的人物，在入口处的尺寸会相对较小，越往后尺寸会逐渐增大，如此一来，最靠近祭坛场景中的上帝形象就会填满整个画面。而且，越是靠近祭坛的场景，上帝的力量也就被表达得越为强烈。在《创造日月》（*Creation of the Sun and the Moon*）这幅画中，上帝被拉向远处，然后又回到空间之内。在最后的场景《划分光明与黑暗》（*Separation of Light and Darkness*）中，上帝似乎要冲出天花板——在这幅壁画中，观众只有从祭坛处直接向上看才能完全感受到这种效果。通常的解释是，这些人物之所以在尺寸和动作上有所变化，是因为米开朗琪罗从入口到祭坛持续绘画时，信心也持续增加了；或者是在项目进行到一半，当遮挡了大半个天花板的脚手架被挪走、他能够从地面上观看效果时，他开始进行一些调整。最近的解释是说，这种“渐次加强”的设计从一开始就被计划好了，如此，才能在礼拜堂的入口处就能看到整个天花板上的画作。[18] 画面的可见度和要传达的意义是相辅相成的：通过不断增大人物的尺寸，米开朗琪罗也表明了他们的重要性。前缩透视法也被文艺复兴时期的观众视为是力量或权力的象征。与此同时，这种大幅度的前缩透视也使人们注意到了米开朗琪罗的大胆，因为只有最大胆的艺术家才有能力掌握这种高难度的技术。

米开朗琪罗还在靠近祭坛处的场景改变了他处理色彩的方法，不再将色调搭配与较低处壁画相协调，而是使用更明亮、更冷的颜色。[19] 在前面创作的部分，色彩运用的方式还比较传统，着色的区域还是通过基本色调的明暗变化来使画面变得立体。在之后的部分中，米开朗琪罗用了换色法（*cangiante*），也就是说会改变色调，利用颜料本身的自然色调来创造三维的错觉。这种运用色彩创造轮廓的绝妙方法能使人物更加鲜明，尤其是在较暗的角落欣赏画作，或者当一束光线突然射入窗户，令人眼很难适应的片刻。在所有情况下，米开朗琪罗首要考虑的都是创造出从地板这个高度上看也可能是最清晰的轮廓，而且对那些在20世纪80年代后这些绘画被清洁后欣赏壁画的观众来说，米开朗琪罗的成功是显而易见的。今天的观众，如果有幸在阳光明媚的日子、关掉人造光源观赏这壁画，那么他们看到的就是当年这些壁画第一次揭幕时被看到的样子。但要完全重现礼拜堂内的光线是不可能的。在16世纪早期，礼拜堂的落地窗是由彩色玻璃制成的，会缓和并微妙地改变太阳光的色调。[20] 当时，火炬和蜡烛也会提供额外的光线，尤其是在夜晚的仪式中，而且圆形装饰物上金色的高光可能也会吸收那些摇曳的灯光，壁画上的金色亦如此。

当然，入口处并不是唯一能够看到天顶画的位置。礼拜堂内的人们会转头去看那些先知和女预言家；这些先知坐在幻想中的宝座上，他们每一个都被独立地用透视法来

图 29　西斯廷教堂天顶画

描绘，每一个都有相应的灭点，以此来适应观众改变了的视角。这些人物身后的墙看上去就像是真实的礼拜堂的墙，如此，从逻辑上说，这些人物一定正端坐在礼拜堂的空间之内。[21] 当拱肩从下面的实物壁柱延伸出来时，轻微向前的弯曲便强化了这种视觉效果，而且这些先知许多都将一只手、一只胳膊或一只手肘伸向更远的地方。最引人注目的是约拿（Jonah，图 30），他在祭坛上方的拱肩上。他的身子向后倾，似乎试图要看到整个天花板的样子；他的左臂伸向身后，脚却向前踢去。约拿的右脚悬在半空，延伸到墙面外，就好像是要挣扎着保持平衡一样。与相邻场景中描绘上帝时所使用的有力的前缩透视形象一样，此处对前缩透视法熟练且复杂的运用有助于让人们注意天花板最重要的部分。

即使是次要的人物也呈现出了这种有趣的视觉效果。那些构建了创作场景框架的裸体人物坐在略高一点的石块上——他们与下方的宝座视角不一致。这种安排以及他们的尺寸将向一位熟悉观赏透视结构的观众表明，这些裸体人物和那些先知和女预言家们并非存在于同一个空间内。在这些先知巨大的形象下面是耶稣的祖先，他们位于半圆壁以及半圆壁上的穹顶分隔间里。他们投下了强烈的阴影，暗示着从礼拜堂前部照射进来的一束光线照亮了他们。当米开朗琪罗描绘这些人物时，祭坛墙壁上的两扇高大落地窗会投射进这样的光线，尽管光线射进来的角度可能更低一些。重要的不是从任何角度看这种视错觉都是合乎逻辑的，而是观众会被每个场景所吸引；如果对这一切是如何结合在一起的感到好奇，那就会变得更加吸引人。

图 30 《约拿》（*Jonah*），创作于 1512 年，西斯廷天顶画局部

米开朗琪罗还运用视错觉画出了很多种不同的材质，而且这些材质有时会从一种物质变为另一种。栩栩如生的丘比特画像似乎是由大理石雕刻而成的，而与之类似的儿童则用写实的色彩描绘，他们被用来当作支撑每名先知下方标签的人像柱。将裸体人物分隔开的公羊头骨看上去非常逼真，似乎是用青铜制成的。这些有着古铜色肌肤的裸体人物蜷缩在阴暗的缝隙中，充当了框架元素，他们的身体被当作装饰点缀，构成了近乎完美的对称。他们将直线带到了相似颜色的圆形装饰物上，这些装饰物有着精致的缎带花边，这些缎带会被美丽的裸体男人拉长或扭曲。细心的观众会发现这些裸体人物手中沉甸甸的由橡树叶和橡果制成的花环，它们围绕在天花板上，宣示赞助人的身份，而赞助人的盾形纹章就是以罗韦雷托橡树为特征的；尤利乌斯二世的盾形纹章也许还能从祭坛墙上先知撒迦利亚（Zechariah）的下方看到。圆形装饰物上描述的故事可能也微妙地指向尤利乌斯，因为这些故事都是以《马加比书》（*Book of Maccabees*）为基础的；马加比家族殉道者的遗物被永世存放在圣彼得镣铐教堂内接受世人膜拜，而那正是尤利乌斯任枢机主教时所在的教堂。米开朗琪罗本人似乎是从一部插图本的意大利文《圣经》中获得了许多场景的灵感，但是那些简单的木版画在他经手后却显得如此充实而有生气。

米开朗琪罗可能发明了传达重要性的视觉途径：为清楚起见而重复主题或对空间和立体感的奇妙运用，而且也详细阐述了他在一本《圣经》中发现的木版画，但他不太可能设计出学者们说的那种隐含在这些壁画中的复杂的肖像学方案。教皇法庭的大多数成员，特别是其中的神职人员，可能会被期待能够在智力上详细阐述天顶画所呈现的主题，运用他们自己有关神圣经典及其评注的知识来将这些主题联系起来。这些意象会刺激记忆，尤其是当礼拜经文、赞美诗或讲道提到天顶画上的一些细节时。[23]例如，最重要的一个场景，即《创造亚当》（*The Creation of Adam*），已经和赞美诗《轻叩心扉之门》（*Veni Creator Spiritus*）联系起来了，这首诗是在新教皇当选以及其他需要圣灵引导的仪式上吟唱的。[24]诗句“上帝之手的手指”（digitus paternae dexterae）很可能为米开朗琪罗创作《创造亚当》带来了灵感；当一位枢机主教偶然向天花板望去时，那一场景的意象当然会强化赞美诗的意义。沿着长长天花板排布的其他场景也会与尤利乌斯二世在复活节前夕举行的礼拜仪式产生共鸣，而对拱肩上所描绘的先知的选择也是与礼拜仪式的季节相一致的。

在某些情况下，礼拜仪式也反映了西克斯图斯四世和尤利乌斯二世的神学立场。[26] 最重要的就是圣灵感孕说（Immaculate Conception），即圣母玛利亚是没有原罪的，而这一学说在 16 世纪仍存在争论。这些强调圣灵感孕说的礼拜仪式是由西克斯图斯委托举行的，而这些同样的仪式在尤利乌斯时代依旧在西斯廷教堂使用。尽管女性很少会踏足礼拜堂，但她们在米开朗琪罗的壁画中仍占有重要地位。其中一个便是在创造亚当时被上帝怀抱的女子——她也许是夏娃，但更可能是世界被创造以前上帝心中的圣母玛利亚。而还有一种从《箴言》（8：22-30）中的意象得出的意见认为，她其实是先哲（索菲娅），她在上帝“创造天堂时……就一直在他身边”。这种解释与将其看成玛利亚的解释在目标上是趋同的，因为在西克斯图斯四世的一次布道中，恰是这段经文与玛利亚的圣灵感孕说有关。[27]

女先知——和她们的男性同伴一样英勇——在所有年龄段中都展出了力量和气势。[28] 为女先知赋予重要性这件事被视为埃吉迪奥·达维泰尔博（Egidio da Viterbo）可能为米开朗琪罗的这一设计出谋划策的证据。埃吉迪奥是尤利乌斯最喜欢的传教士，他还能熟练阅读希伯来文、拉丁文和希腊文文献；他对预言书有着浓厚的兴趣，特别是异教女先知的预言书。[29] 然而，在文艺复兴时期的艺术作品中，女先知的形象并不多见，她们有时会出现在宗教场景中，如锡耶纳大教堂（Siena Cathedral）的马赛克地砖上。但礼拜堂内的观众会如何回应她们呢？他们会给这些强有力的女性形象施加何种刻板印象或给予何种期望呢？她们似乎比男性先知更能展现多种人物特色，无论是女性的年龄层（从年轻的古希腊阿波罗神谕的女先知到佝偻着的几乎失明的波斯女先知），还是她们所来自的地理区域（尽管有三个来自希腊，但利比亚的女先知将代表非洲，而波斯的女先知则代表亚洲）。她们都是异教徒，然而她们所有人都被启示去书写有关基督降临和受难的故事。也许有些观众将她们与普世教会的梦想联系起来，这一梦想将延伸到她们所代表的遥远地区。[30] 像男性先知一样，这些女性与天顶画上的其他场景之间有着视觉上的联系，而那些读过这些女先知预言书，甚至知道她们广为流传的传奇故事的观众则会找到其他的联系。其中一个传说是说厄立特里亚的女先知是诺亚的儿媳妇；在《诺亚献祭》（*Sacrifice of Noah*）这幅画中，点燃献祭之火的女人可能就是她。

基督的祖先也许是最令人费解的。这一系列是基于《马太福音》（1：2-5）所呈现的名录，这一文本会在圣母玛利亚降生节以及教皇法庭列队进出礼拜堂时被诵读。[32] 他们被画在落地窗上方的半圆壁上，每一位都附带一个饰板，似乎是为了标明这些人物的身份，但只是以最普通的方式。有些饰板上给出了三个人的名字但画面上却还有另外一个人，所以不太清楚呈现的人物与那些名字的关系。[33] 在每一个半圆壁上都有一对男女［尽管在其中一个标为“罗波安和阿巴斯”（Roboam and Abias）的半圆壁上，背向观众的人物性别并不清楚］。大部分但不是全部，都有小孩子，这使家庭团体变得完整。更多的家庭则被描绘在半圆壁上的三角形穹顶分隔间中；这些家庭画通常被认为是祖先系列的一部分，即使没有类似的标签。无论是在半圆壁还是三角形的穹顶分隔间中，它们都描绘了基督人类父母的犹太祖先，以亚伯拉罕开始，以约瑟结束。[34] 它们所呈现的内容从养育到卖弄风情，从沉思到好战，不一而足。有些几乎是很滑稽的，例如那个对着自己拐杖上很像他自己的头像雕塑指指点点的老头儿。但就在同一半圆壁上，还有一位母亲温柔地抚摸着熟睡的孩子。另一些人则或阅读或书写，照镜子或梳头，要么就纺纱、睡觉或和他们的小孩玩耍。他们应当被视为有罪的或懒惰的吗？或者仅仅是人类？这些礼拜堂墙壁上的壁画本来就很容易看到，而米开朗琪罗使用了清晰明确的颜色和灵敏的笔触，使他们在窗户透过的明亮光线之下显得格外醒目。然而直到最近，这些明亮的颜色被累积的灰尘和早期修复所使用的无光泽胶水掩盖了。它们那阴沉的暗色引发了一种解释，这种解释认为这些群像代表着那些处于未被救赎状态中的人们。事实上，他们代表的是犹太人民，他们常穿着易辨认的同时代服装。

最耐人寻味的是在标有“雅米拿达”（Aminadab）名字的半圆壁上的人物形象（图 31）。他的袖子上有一个黄色的圆形徽章，这个徽章在 16 世纪的意大利被用来区分犹太教徒和基督徒，目的是显示基督教颇具优越性的传统。

图 31 《雅米拿达》（*Aminadab lunetle*），创作于 1512 年，西斯廷教堂

他还戴着耳环，表明了他的奴役状态和与众不同（他是天顶画上唯一戴耳环的男性形象）。[35] 他位于教皇埃瓦里斯图斯（Pope Evaristus）肖像的上方，正如题字所指出的那样，这位教皇的父亲是犹太人，而在穹隅下方描绘的则是以斯帖女王（Queen Esther）的故事，这些有关她犹太身份的清晰标志意义重大。以斯帖向她的丈夫，即波斯王亚哈随鲁（Ahasuerus）隐瞒了自己的犹太身份，直到亚哈随鲁的一名大臣哈曼将意欲杀死所有犹太人的阴谋付诸实施时，她才公开了自己的身份。以斯帖站在自己丈夫面前并请求他阻止这桩阴谋，并透露说如果这桩阴谋得逞，那她也将被杀死。在这一穹隅中，米开朗琪罗把重点放在了哈曼身上，采用非常典型的前缩透视法，好像被钉在了一棵树上。他的死被犹太教徒庆祝了很久，因为这给犹太人带来了救赎；此处，他在树上伸展开来的身体意象预示着基督的受难，而基督的死则给基督徒带来了救赎。[36] 在祭坛墙另一侧的穹隅中，铜蛇（brazen serpent）的故事也因拯救了犹太人民而被提起，它是耶稣受难的另一个预兆。没有证据证明米开朗琪罗对犹太人抱有特别的同情或偏见。在 16 世纪早期，天主教会和罗马人民更开明的文化在对待犹太人时是非常矛盾的：在罗马，个体的犹太人会因他们的学识而被尊重，因他们在金融和医学方面的技能而被珍视，甚至可能还会豁免他们佩戴可耻的徽章，然而整个犹太教徒群体和社区仍被课以重税，而且会在公共场合遭受羞辱。[37]

基督祖先几乎没有视觉上的范本，而仅有的那些通常也只描绘男性。在寻找相应的姿势、姿态来填补这些空间的过程中，米开朗琪罗要迅速画出草图，因此可能会观察他周围的普通人。[38]也许是在寻找人物形象的多样性和生动性的过程中，他捕捉到了那个时代犹太人的穿着方式还有他们职业的多样性，看到了他们的不同角色，而非一个单一的类型化人群。与此同时，在基督的《圣经》祖先身上描绘当代才有的徽章这件事也是前所未有的。

尽管康迪维和瓦萨里都说，当西斯廷教堂天顶画于1512年10月31日最终揭幕时，整个罗马万人空巷，但在它完成后的最初几十年里，只有非常少的评论留给我们。[39]荷兰教皇阿德里安六世（Adrian Ⅵ，统治期从1522到1523年）被裸体像所激怒；不过即使是在16世纪，他的反应也没有被认真对待，因为他的反应代表了他对意大利艺术的整体厌恶。1525年，保罗·焦维奥（Paolo Giovio）称赞了《朱迪斯与赫罗弗尼斯》（*Judith and Holofernes*）这幅位于穹隅上的画作，因为它的立体感特别令人信服，而且上帝的形象似乎会随着观众位置的改变而移动。一些艺术家，其中最有名的要数拉斐尔，还在他自己的作品中向这天花板致敬。有一些描绘这天花板的素描，但只有很少几幅被制成了版画；那些已经发表的作品也只是展示了几个经过挑选的人物，没能给人一种复杂的整体感觉。西斯廷教堂天顶画在几十年的岁月里仍然是一件只有特权阶层才能认真思考的作品。

第 4 章

权力与幻觉：美第奇家族的委托

1513 年，就在西斯廷教堂天顶画揭幕数月之后，尤利乌斯二世去世了。他的继任者是乔瓦尼·德·美第奇（Giovanni de' Medici），即利奥十世（Leo X）。他和米开朗琪罗同岁，并且从米开朗琪罗出现在他父亲——伟大的洛伦佐家中时便认识了这位艺术家。利奥十世是西斯廷礼拜堂音乐表演最慷慨的赞助人，并且他还投入大量资金委托置办新的礼拜法衣和礼拜用品，而且最重要的是赞助了拉斐尔为最靠近祭坛位置设计的豪华挂毯画；但他几乎没有委托米开朗琪罗做过什么。米开朗琪罗在罗马唯一从利奥那里接到的委托就是在圣天使城堡（Castel Sant' Angelo）为利奥的礼拜堂外墙重新设计窗框。在适应结构的偶然性时，米开朗琪罗能自由地使用古典的元素，从中人们可以看出他的创造力将如何发展。也许米开朗琪罗觉得可以自由地实验，因为外立面很隐蔽，朝向城堡第三层的庭院，几乎不会被看到。此外，在佛罗伦萨还有更多日后使其享有盛名的机会等待着他。

1512年，美第奇家族重新在佛罗伦萨掌权，那里有一些颂扬这个家族并美化这座城市的项目。其中最主要的就是圣洛伦佐大教堂的外立面。这座教堂在1515年时已经因教皇入主该城的仪式而进行了豪华的装修；包括佛罗伦萨大教堂（Duo Mo）在内的其他建筑也已经都修建了临时的外立面，这些无疑给教皇留下了深刻的印象。[1]康迪维认为，利奥十世似乎在其加冕后立即就让米开朗琪罗开始着手完成这项任务，而且米开朗琪罗似乎不愿意承担这项任务，因为他想完成尤利乌斯二世的墓碑项目。事实上，大约在这个时候，米开朗琪罗已经同意完成一个缩小版的墓碑了。我们很难想象米开朗琪罗是如何在同一时间设法完成这两个项目的，因为在其最初的构思中，单圣洛伦佐大教堂的外立面就包含至少十座雕塑（最终计划了四十座），除此之外还有整体的建筑设计。康迪维还生动地描述了米开朗琪罗和利奥之间，关于从哪个采石场采购大理石这一问题所发生的冲突。他一方面描绘了米开朗琪罗的悲伤，因为其无法完成尤利乌斯的墓碑项目了，另一方面则是沮丧，因为其不能为圣洛伦佐大教堂的外立面选择高质量的大理石。

康迪维的叙述显然是基于米开朗琪罗的记忆，但回想起来，这似乎只是为既没有完成墓碑也没有完成外立面项目所找的借口罢了，还遮掩了米开朗琪罗接手的其中一个最不光彩的委托。瓦萨里对事件的再现更接近事实，因为他给出了另外五名建筑师的名字，他们都被邀请来为外立面提交设计。此外，朱利亚诺·达·圣加洛（Giuliano da Sangallo）的素描保留至今，他是米开朗琪罗的老朋友，也是一位受人尊敬的建筑师，曾为美第奇家族和尤利乌斯二世工作过。不过，朱利亚诺 1516 年就去世了，而当时这项任务还没有委托给任何人；米开朗琪罗肯定知道这些素描，因为他把这些作为他早期设计的基础。[2] 目前尚不清楚在外立面这项任务中是否存在真正的竞争，但从档案资料中可以肯定的是，其他艺术家和建筑师都相信他们会参与这个项目。[3] 米开朗琪罗最初是和巴乔·达尼奥洛（Baccio d' Agnolo）合作的。当时的想法是，米开朗琪罗制作雕塑，巴乔做建筑设计。但米开朗琪罗很快就接手了整个项目。三十多幅幸存下来的图纸展示了具体的工序流程，而现存于米开朗琪罗故居博物馆（Casa Buonarroti）的大型木制模型可能是最终设计（图 32）。米开朗琪罗开始考虑的是一个饰面外立面，其中间部分较高可以遮住教堂的中殿，但之后米开朗琪罗决定建造一个完整的两侧结构，有一个纵深的隔区，其侧面和正面都有建筑装饰和雕塑。最近，一些人对以这个模型为指导来实际完成这个外立面很感兴趣；

图 32 圣洛伦佐大教堂外立面木制模型（Model of San Lorenzo facade）

计算机模拟结果表明，这座建筑若建成将会是宏伟壮丽的，但可能也会令人望而生畏。[4] 米开朗琪罗是否可能做了一些调整来增强光影效果，或者使该建筑的平面更加多变？雕塑将会如何改变这座建筑的外观？档案资料说那些超过真人大小的雕塑经过了调整以使其更加显眼，但少有的几幅描绘雕塑的素描却没有显出这种效果。[5] 这一外立面无疑会成为对美第奇家族一个令人印象深刻的颂扬之作，但我们永远不会知道公众会对其做出何种反应。大理石采购完毕，而地基也已动工，但在 1519 年，该项目被终止，而在第二年合同也被取消了。

米开朗琪罗再次被另一个项目带走了，在这个项目中，他满怀热情地开始了一个不同的、看上去更紧迫的工程。那就是美第奇礼拜堂（Medici Chapel），它是美第奇家族四名成员的陵寝：伟大的洛伦佐和他的兄弟——伟大的朱利亚诺，还有伟大的洛伦佐的儿子乌比诺公爵朱利亚诺（Giuliano，Duke of Urbino），还有孙子，即内穆尔公爵洛伦佐（Lorenzo，Duke of Nemours）。后面这两名年轻男子分别于 1516 年和 1519 年去世，而这肯定加快了这个项目的诞生，因为他们是美第奇家族最后的正统成员，是“老科西莫”（Cosimo il Vecchio）的后裔。

在最初的构思中，这座礼拜堂很可能还包含了其赞助人，即枢机主教朱利奥·德·美第奇（Giulio de’ Medici）的墓碑。[6] 他是时任教皇利奥十世的表弟，而且和利奥一样从小就认识米开朗琪罗。此后的事实证明，朱利奥·德·美第奇是米开朗琪罗最热心、最有合作精神的赞助人之一。他曾在圣洛伦佐大教堂外立面项目中充当中间人，而且作为佛罗伦萨的大主教，他全权负责美第奇家族的其他委托，包括美第奇礼拜堂和圣洛伦佐图书馆（Laurentian Library）。1523 年，就在哈德良六世（Adrian vi）的短暂统治后，他被选为教皇，称克雷芒七世（Clement vii）；他对米开朗琪罗在佛罗伦萨项目的兴趣有增无减。

陵寝项目涉及建筑和雕塑两方面。这一建筑物将与

图 33　菲利波 · 布鲁内莱斯基　旧圣器收藏室（*Old Sacristy*），创作于 1420—1429 年

圣洛伦佐大教堂的北耳堂毗连，与旧圣器收藏室（Old Sacristy）呈对称关系，而后者是一个世纪前由菲利波·布鲁内莱斯基（Filippo Brunelleschi）设计的。可以很清楚地看到，整个规划和礼拜堂内部灰色砂岩（pietra serena）的装饰线条都与旧圣器收藏室有关，但米开朗琪罗也做出了重大的改变（图 33 和图 34）。归属于内利家族（Nelli family）的若干建筑物限制了选址地的使用，因为一些可能用来放置窗户的地方被这些建筑物挡住了光线。[8] 米开朗琪

图 34　美第奇礼拜堂（*View of the Medici Chapel*）

罗通过增加一层进而创造一个比旧圣器收藏室更高的空间来解决光线问题。在墓碑水平面以上的神龛内有八扇窗户，但只有四扇是透光的，其中两扇只能接收间接光线。在最上面的区域，这四扇“透视”窗户是最有用的，但同时它们也是最虚幻的：它们是梯形的，所以在观众看来——他们预期窗户会有垂直的边——这些窗户在空间中是向后退的。而由此造成的效果就是，这些窗户看上去比实际上更高，不过没有观众会真的被愚弄，因为这梯形竖边聚拢幅度过大。礼拜堂内建筑细节的其他元素设计似乎也是用来愚弄人眼的。在第二层，窗户（或说假窗）假装被灰砂岩制成的平面牌匾所支撑。二层窗户之间的壁柱似乎是下方壁柱的延续，但其实它们之间并没有联系。在旧圣器收藏室，布鲁内莱斯基在灰砂岩材质的柱上楣构和其上的窗户基座之间创造了一个类似的空间，但是此处这一空间内充满了灰泥材质的圆形饰物——其效果就是形成了一个立体的雕带，而不是一个空置的空间。同样，布鲁内莱斯基在门上设计的拱形框架内装饰有多纳泰罗的浮雕，而这可能也为米开朗琪罗设计礼拜堂的门和神龛提供了启发，但布鲁内莱斯基的设计相对简单，而在米开朗琪罗那里，建筑上的静态形式被转化成了动态形式。垂花窗饰和圆形浮雕装饰着墙上最凹陷处的表面，而框架和拱形山墙则创造了一个至少向前移动了四次的不断延展的平面。框架上没有过梁连接，但是神龛在视觉上是以墙上的托架支撑的。这一整个建筑单元——由白色大理石雕刻而成——似乎是压在了灰砂岩材质的组成部分上，就像已故之人的肖像会被他们所占据的壁龛限制一样。

最早期的陵寝规划考虑过一个独立式的纪念碑，但由于空间有限以及礼拜仪式上的一些考虑，该方案被证明是不可行的。[9]到了 1521 年，这一设计就变成了三座墙壁式墓碑：乌比诺公爵和内穆尔公爵各自享有一个墓碑，而伟大的洛伦佐和伟大的朱利亚诺则共享一个双墓纪念碑，这座纪念碑会面对着祭坛。尽管存放在卢浮宫的两幅已完成的素描很好地说明了它们可能是什么样子，但这些墓碑从来没有按照预期完成。[10]其中，这座双墓之上会有一尊圣母子雕塑，这尊雕塑现被称为《美第奇的圣母玛利亚》（*Medici Madonna*，图 35）。这是米开朗琪罗为该双墓葬群建造的唯一一座雕像。科斯马斯和达米安（Cosmas and Damia）——美第奇家族的守护神——的侧身像是由弗拉·乔瓦尼·蒙托尔索里（Fra Giovanni Montorsoli）和拉法埃洛·达蒙泰卢波（Raffaello da Montelupo）仿照米开朗琪罗的模型雕刻而成的。为两位年轻人建造的墙壁式墓碑则要完整得多（图 36），但它们仍少了许多构件：会站在

（上）图 35 《美第奇的圣母玛利亚》（*Medici Madonna*），创作于 1524— 1534 年，材质为大理石

（右）图 36 《朱利亚诺 · 德 · 美第奇陵墓》（*Duke of Menours*），创作于 1524—1534 年，材质为大理石

雕像两侧的站立着的寓言人物；头像方牌；装饰上层区域的战利品和蹲伏的人物（其中一个人物现收藏于圣彼得堡一处偏僻的寺院）；以及本应安装在墓碑基座上的河神（它们其中一个的全尺寸黏土模型现存于米开朗琪罗故居博物馆）。拱顶本来也会有华丽的装饰，上面会有乔瓦尼·达乌迪内（Giovanni da Udine）创作的镶金彩色灰泥花环。这些在 1532 年还几乎是完整的，但从瓦萨里在乔瓦尼的传记中所作的评论来看，它们肯定已经很难看到了，而且当瓦萨里于 1556 年接任这个项目的监理时，他也想要移除这些构件。[11] 1563 年，瓦萨里向年迈的米开朗琪罗提议让艺术绘画学院（Accademia del Disegno）的成员用“油画、雕塑和拉毛粉饰”完成整个项目，而这恐怕也不是巧合。[12] 米开朗琪罗从来没有回应过瓦萨里的这一计划。也许还曾考虑过在墓碑上方的半圆壁上创作壁画，但壁画的主题存在争议。“复活”是其中最可能的一个主题，因为这座礼拜堂本就是专门为了纪念基督复活而建的，而且有关这一主题的素描画也大约在这个时间由米开朗琪罗完成，且留存至今。

米开朗琪罗在 1526 年 6 月 17 日的一封信中报告了他的工程进展：其中一个墓碑的建筑框架已经基本完成，若干雕塑也被“勾勒”了出来，而且他正准备让工人在对面墙壁上为墓碑安装石头。在同一封信中，他表达了自己的意愿，即要完成两个年轻人墓碑上的雕像、雕花石棺上的人物雕像《四时》（*the Times of Day*）、基底的河神像，以及圣母像；他会将其他的人物雕像和装饰性雕刻留给助手完成。不到一年，工程终止于政治动乱。1527 年 5 月 6 日，与神圣罗马帝国有关的反教皇军洗劫了罗马，克雷芒七世被关在了圣天使城堡。现在，人们可以公开表达对佛罗伦萨美第奇家族的反感和厌恶，十天之后，这一家族就被驱逐出佛罗伦萨，之后共和国重新建立。美第奇家族的画像在城市的其他地方被毁，美第奇礼拜堂内的雕像则幸存下来。1529 年，佛罗伦萨被神圣罗马帝国军队包围，他们现在是美第奇家族的同盟军。米开朗琪罗是共和国的支持者——实际上，他还负责佛罗伦萨的防御工事——这使他与他的赞助人产生了直接的矛盾。1530 年，美第奇家族在佛罗伦萨重掌大权，而私生子亚历山德罗·德·美第奇（Alessandro de’ Medici）被任命为共和国的公爵。米开朗琪罗一直都很害怕亚历山德罗（有充分理由），但克雷芒重申了他对这位艺术家及其在礼拜堂继续进行的工程的支持——这充分证明了他对米开朗琪罗的尊敬。到了 1532 年，米开朗琪罗正计划返回罗马，而最终他于 1534 年动身离开去接受《最后的审判》（*Last Judgmen*）的委托。他曾在离开前努力地完成一些人物雕像，但是还有一些——尤其是《昼》（*Day*）——仍然没有怎么加工过。在尼科洛·特里博洛（Niccolò Tribolo）的指导下，这些墓葬雕塑到了1545年左右才安放到位，而圣母雕像，还有科斯马斯和达米安的雕像还要到1559年才安放完毕，彼时伟大的洛伦佐和伟大的朱利亚诺的遗体遵照科西莫一世的命令被转到了礼拜堂。[13]

美第奇礼拜堂中的观众是谁呢？这个问题比人们想象的要难回答。尽管美第奇礼拜堂被称为新圣器收藏室（New Sacristy），但它却从未行使这一功能。从一开始，它就被设计成一个家族的陵墓礼拜堂，一个神圣的空间，人们会永远在那里为逝者祈祷。在克雷芒七世于1532年11月14日颁布的教皇诏书中，详细描绘了在那里举行的重大典礼仪式。每天要为逝者举办三次弥撒，但除此之外，整部《诗篇》（*Book of Psalms*）也会被日夜不停地吟唱。[14]负有这一职责的神职人员会站在祭坛之后，看着圣母哺育圣婴的形象——这是她为逝者代求能力的象征。对于公共仪式并无规定，而且在17世纪早期，教皇保罗五世（Pope Paul v）会向祭坛前祈祷的神父颁赐大赦。这一大赦被题写在一块匾额上，至今仍在祭坛之上；没有提到过有人在礼拜堂里受赠过这块匾额。

这两位神父，也许偶尔还有家族的其他成员，可能会被认为是这座礼拜堂所期望的观众。然而，显而易见的是，美第奇家族那两位年轻公爵的雕塑并不是观众关注的焦点，相反，焦点是那些雕饰的人物，他们和生者一起向圣母像之下埋葬的伟大的洛伦佐和他兄弟的墙壁望去。他们的姿势完全不同——朱利亚诺主动伸长他的脖子从他的壁龛处向外望，而洛伦佐（图 37）似乎陷入了沉思——但两人都转向了圣母的方向。由于礼拜堂里不断有诵经的声音，且只有在做弥撒的时候才会停止，所以洛伦佐的姿势可能表明他在倾听而非观看；事实上，他的眼睛是“盲的”，也就是说，这双眼睛没有瞳孔。[15] 从一开始，声音就是整个设计中一个重要的元素，即便米开朗琪罗没有预料到克雷芒会建立这些仪式，但雕像的姿势也表明它们不只是参观者目光所及的对象。无论他们看向的是可以为逝者求告的圣母和圣徒，还是老美第奇的墓碑，甚至是访客最初进入的门，他们似乎都是积极的参与者，会对空间内的事物和活动做出反应。

不过，礼拜堂里确实还有其他访客。有迹象表明，这里还吸引了外国访客，其中就包括神圣罗马皇帝查理五世，他于 1536 年造访此处。[17] 佛罗伦萨文学社区的成员来访和回应的方式比较独特：他们撰写诗歌和对话，而在对话中，

图 37　洛伦佐 · 德 · 美第奇，《比诺公爵》（*Duke of Urbino*），美第奇礼拜堂，创作于 1524—1534 年，材质为大理石

他们假设这些雕塑都活了过来并互相交谈。[18] 在这一时期，赞颂雕塑的一个非常普遍的方式，就是说它们只要有口气就活过来了，而且像《卖花女》（*Pygmalion*）这样的故事：雕塑家爱上了自己雕刻的雕像，后者苏醒过来向雕塑家报恩，在文艺复兴时期也家喻户晓。相反的故事，即由人变成石头的雕塑，取材于美杜莎和玻耳修斯的故事，也同样在人们对米开朗琪罗雕塑所做的评论中产生了共鸣。在安东·弗朗西斯科·多尼（Anton Francesco Doni）的《大理石》（*I marmi*）一书中，《黎明》（*Dawn*）一章讲的是米开朗琪罗如何将一位访客带到美第奇礼拜堂的故事。在“对一切事物看了又看”之后，就在他看到《夜》（*Night*）雕塑的瞬间，这位游客被定住了——变成了石头。米开朗琪罗对上帝的造物无能为力，只能对他自己的雕塑做点儿什么——无法唤醒这位游客，只能唤醒《夜》，后者改换了姿势并唤醒了石化的游客。一名对话者惊叹道：“啊，这是多么了不起的事情啊……我变成了大理石，她则活了过来。”[19] 米开朗琪罗也会出现在故事中，我们可以在瓦萨里于1550年写的米开朗琪罗生平传记中所引用的两首诗中看到。在第一首诗中，诗人乔瓦尼·迪卡罗·斯特罗齐（Giovanni di Carlo Strozzi）坚称，《夜》的雕像是如此逼真，以至于如果观众将她吵醒的话，她就会开口说话；作为回应，米开朗琪罗让《夜》回答说，只要这个世界上还有痛苦，她就宁愿像石头一样呆着："不去看，不去听，这对我来说就是莫大的恩惠；所以不要吵醒我，啊，说话要小声一点。"[20]

艺术家也被吸引到这座礼拜堂来。瓦萨里说，早在米开朗琪罗于1534年离开罗马之前，他和其他的年轻艺术家就秘密地潜入这座礼拜堂来复制这些雕塑。后来就无须保密了，而且《四时》的素描和版画最早也可追溯到1536年。[21]一幅1564年之后由费代里科·祖卡罗（Federico Zuccaro）创作的素描生动地展现了艺术家在这座礼拜堂内写生或交谈的情景；一个人坐在伟大的洛伦佐和伟大的朱利亚诺的墓碑上，另一个则站在当时仍在基座上的一件雕塑上。[22]毫无疑问，这些艺术家对米开朗琪罗的艺术更感兴趣，而不是在为美第奇家族的亡灵祈祷。然而，宗教、旅游和艺术活动必定已经交织在一起了。瓦萨里那学识渊博的朋友、美第奇家族的艺术顾问温琴佐·博尔吉尼（Vincenzo Borghini）抱怨说，烟雾和尘土给游客留下了不好的印象。[23]尘土可能来自建筑工程，而烟雾很可能来自神父们安装的火炉，这显然是为了在冬天保暖。瓦萨里也抱怨了那个炉子，当时他正试图说服科西莫一世公爵，放炉子的空间应当用来作为艺术绘画学院的主要会面场所。

由于这座礼拜堂没有一个可用的烟囱，烟尘无法排出，如此一来，烟灰就在雕塑上不断堆积。

在世纪末，弗朗西斯科·博基在他的旅行指南《佛罗伦萨之美》（*The Beauties of the City of Florence*）中用几页的篇幅来描述美第奇礼拜堂。[24] 博基的描述比 16 世纪的其他描述更加全面，而且他还认真地关注到了建筑和装饰上的细节，如米开朗琪罗所设计的大烛台，博基称其能“让灵魂喜悦”并能激发奇迹。他将米开朗琪罗创作的七尊雕塑称为“世界七大奇迹”，它们一同向我们展示了生命是如何在时间中被消耗的。他特别指出《昼》所具有的男子气概（可以从未抛光的石头上呈现的粗糙中看出，还有当他转向观众时所表现出的强健体格和有力动作）和《夜》的优雅气质，无论从左侧还是右侧，尤其是直接从正面看都同样美丽。朱利亚诺那机警的姿势，洛伦佐头盔上那令敌人胆战心惊的怪兽面孔，圣母玛利亚表现出的庄严和自然主义——所有这些和许多其他细节都被小心翼翼地记录下来了。就像所有 16 世纪的作家一样，他能够毫不费力地辨认出《四时》，尽管其中只有《夜》这件作品有显著的属性特征。博基以灵敏的笔触描述了每尊人物雕像是如何传达年龄或青春、力量或倦怠的。

博基正在为艺术爱好者，特别是那些越来越多的到佛罗伦萨寻找他们可能听说过的作品的游客写书。很明显，他想将美第奇礼拜堂确立为佛罗伦萨最重要的、不朽的艺术作品，它可以与罗马那些重要的遗址相媲美，其中的雕塑作品也超过了那些知名的古典作品。但到了 1591 年，当博基的旅行指南出版时，米开朗琪罗的作品正因其艺术发挥而受到批评。[25] 博基直接回应了对该建筑的批评，这一建筑没有遵守维特鲁威（Vitruvius）定下的建筑规则；他说，这是因为建筑不仅是对自然的模仿，更是由人类劳作所发明的，并通过人类的聪明才智才变得更好。博基对米开朗琪罗的解剖学知识的溢美之词，可能也是对那些批评的回应，这些批评说米开朗琪罗人物雕塑的比例和动作都很夸张。然而，与许多其他评论家不同的是，博基确实呼吁人们关注这座礼拜堂的神圣功能，在那里，人们用“永不停息的勤勉”为美第奇家族祈祷和做弥撒。

博基是一位观众，在米开朗琪罗中断礼拜堂工作后的半个多世纪里，他一直在写作。尽管他说明了观众的注意力是如何从建筑转移到较低层次的细节上的，但他并没有提到其他一些更有吸引力的东西，比如由小面具构成的装饰带，这些小面具每一个都略有不同，铺在这些陵墓的后面。博基的疏忽也许是因为他知道这些面具不是米开朗琪罗自己雕刻的，而他的目的只是赞美米开朗琪罗的作品。[26]

但奇怪的是，博基竟然没有注意到在教堂各处都能看到的面具：坟墓柱头上、米开朗琪罗为祭坛设计的大烛台上，甚至是朱利亚诺护胸铠甲的背面（尽管通常没有人会看到）。[27] 特别值得一提的是，他也没有注意到《夜》左肩下方的大面具，而这个面具似乎是在直视着观众。这一奇怪的意象被解读为是一幅自画像，也指向了米开朗琪罗与洛伦佐·德·美第奇的第一次见面，洛伦佐是这位年轻雕塑家的伯乐，后者则为他雕刻了一尊萨蒂尔（satyr）像。[28] 博基可能没有意识到这种联系，或者不认为这很重要，又或者他认为使用面具是一种常见的表达艺术幻象的方式。这是米开朗琪罗本人也会知道的一个符号；也许这些面具就是用来告诉观众，他们所见到的不过是幻象，没有实质内容。从这个意义上说，两位年轻公爵的“肖像”也是一种幻象，既不代表其外貌，也不是主题性格的表现。据说，米开朗琪罗曾说过，他让这些人物更加庄严、文明和优雅，因为千年以后，没有人会记得他们长什么样。[29] 米开朗琪罗以抽象的和理想的形式呈现他们，给他们戴上“面具”，让他们看起来比本身更好。

美第奇礼拜堂的建筑基调在圣洛伦佐图书馆中又被重新利用并得到了发扬。这座图书馆的设计始于 1524 年，而且距离礼拜堂只有几步之遥。它有一个世俗的和公共的用途，那就是用来保存这个家族收藏的大量手稿。这座图书馆位于圣洛伦佐大教堂修道士房间上方的回廊中，米开朗琪罗在此设计了三个独立的空间：连接教堂南耳堂的前厅（*ricetto*）、长长的阅览室，以及一个存放珍本书的三角形小房间（从未建造）。这三个区域是同步设计的，但是前厅楼梯（图 38）的设计在米开朗琪罗离开佛罗伦萨之后还在继续完善。直到 1559 年，在巴尔托洛梅奥 · 阿曼纳蒂（Bartolomeo Ammannati）的监理下，这一非凡的楼梯才建成。它有一连串的曲线和旋涡，本可像瀑布一样流泻下来，但受到矩形台的限制。引人注目的是，这间前厅的照明光线来自天窗，克雷芒七世认为这是件新奇且非常优美的事物，尽管他担心这天窗会很快被灰尘所掩盖。[30] 事实证明，自然光线会透过第三层的窗户照进室内；与在美第奇礼拜堂一样，这种较高的抬升是出于实用的原因，但却被充分利用以表现效果。经过楼梯慢慢进入前厅，人们几乎感觉自己被推到了墙上——这一楼梯在房间内无处不体现着它的存在感。这一设计是在米开朗琪罗构思的后期才发展出来的；实际上这是克雷芒的想法，他想要一个宽大的、独立式的单独楼梯，而不是贴着两侧墙壁延伸下来的两个一样的楼梯，而后者则是米开朗琪罗最初的计划。[31] 嵌入墙壁中那巨大的双圆柱看上去像是依靠在墙壁凸出的托架上，

图 38　洛伦佐图书馆门廊楼梯，1524—1534 年动工，1559 年完工

但这些托架与圆柱之间又有一条细长的白色墙壁带；如果它们代表着一种向上的强劲推力，那么这一连接部分就和这一目的略有矛盾了，而这些托架本身似乎也是挂在白色墙壁上的。在上面一层，圆柱被压扁成壁柱，较小框架的基本图案变成了带有圆形装饰的矩形（图 39）。这都是些更加平面的元素，仅仅是墙上的装饰，可它们也是这一空间上真实的窗户。位于圆柱之间的是纵深较浅的小型神龛，看起来像窗户或者放置雕塑的壁龛，但其实这都不是它的功能所在。它们是由壁柱搭建的，这些壁柱的底部逐渐变细，而顶部则有“柱头”，这些柱头向内凹陷而非向外膨胀。米开朗琪罗肯定预料到那些参观图书馆的人会知道古典建筑的秩序应该是什么样，而他可能会推想那些见多识广的参观者将会被许多对古典规则所做的颠覆和修改所吸引。事实上，一些米开朗琪罗的追随者记下了他对建筑的看法，并说他认为这种混合形式——例如怪兽像装饰（*grotteschi*）或建筑元素的奇特组合，比那些只是模仿现实或遵从规范的形式更可取。他认为这些组合可以给感官带来舒缓和愉悦，或者可以满足“贪得无厌的欲望”，它们展现了这位艺术家如诗人般的丰富想象力。[32]

阅览室（图 40）更加规则、更有板有眼，也更能让人感到平静——也许对于那些研读锁在桌子上的手稿的人来

图 39　圣洛伦佐图书馆的门廊

说，这种设计不会让他们分心。然而，和窗户上方那些嵌在墙壁上的矩形装饰一样的图案却贯穿于整个前厅。米开朗琪罗精心设计了地板、天花板和桌椅，使它们能与墙壁上的框架元素相协调。桌椅不仅与每一个被框架分隔的隔区相适应，而且当倾斜着看时，它们似乎还构成了一个基座或平台，支撑着在它们视野之上的更加明亮的墙壁。而

图 40　圣洛伦佐图书馆阅览室（*Reading Room*），1534 年

胡桃木桌椅和地板的暖意映在了天花板上。米开朗琪罗在一封信中描述了他对楼梯的一个最终想法，他希望楼梯也能用胡桃木做，这样两个房间就能连贯起来了。然而，他设计了一种非凡的视觉效果，人们从阅览室中央向外望时是看不到前厅的，因为在门的正对面有一块空白的面板，填满了整个视野。[33] 进入前厅的人不太能注意到这块面板，因为来访者的注意力会集中在那逐渐逼近的楼梯上。进入阅览室以后就能从这种戏剧性的建筑效果中解脱，而只有

当来访者快要通过出口附近的大门时，这种戏剧性的效果才会消失。

三角形的珍本藏书室（图 41），就像圣洛伦佐大教堂建筑群的其他建筑一样，是一个解决实际问题的创新方案：此处，一个房间以一个特定的角度切入整个建筑。我们只能从两幅现存的素描中猜测米开朗琪罗是如何塑造读者体验的。[34] 在一个夹角如此逼仄、如此封闭和像迷宫一样的房间里，读者可能会觉得这个空间就像他读到的文献一样珍贵。

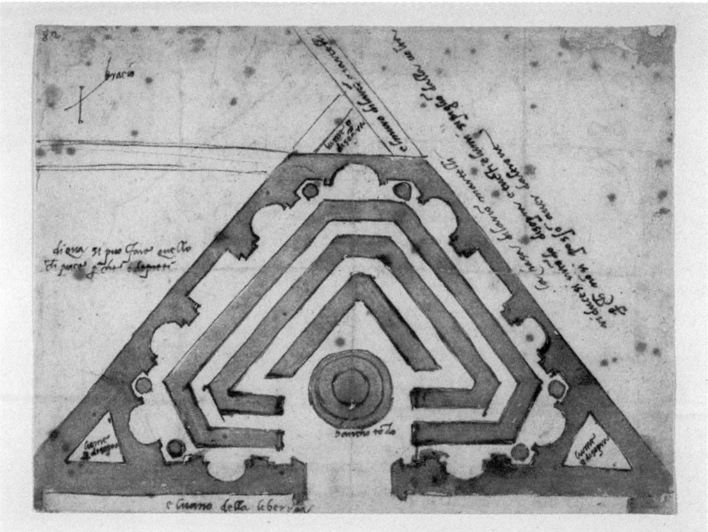

图 41　珍本藏书室素描（*Drawing for the Rare Book Room of thd Laurentian Library*）

第 5 章

油画和梦幻体验：为教皇保罗三世创作壁画

虽然美第奇家族在佛罗伦萨的项目都与教皇有关，但它们实际上是为这个家族服务的。然而在 1533 年，教皇克雷芒七世开始考虑另一个项目。1533 年 7 月 17 日，米开朗琪罗的朋友兼合作者、画家塞巴斯蒂亚诺·皮翁博（Sebastiano del Piombo）写信给米开朗琪罗让他回到罗马，因为他听到教皇在讨论“你做梦都想不到的事”。米开朗琪罗在接下来的几个月时间里会见了教皇，第二年二月，西斯廷礼拜堂内的脚手架就慢慢搭了起来，这是为祭坛墙的新项目准备的。而此时，美第奇礼拜堂和图书馆的项目都没有完成。尤利乌斯二世的继承者们渴望让米开朗琪罗重返尤利乌斯的墓碑项目，因为 1532 年的时候，他们商定了一个规模大大缩小的墙壁墓碑方案。当然，克雷芒想出这一项目也是为了让这名艺术家继续致力于美第奇家族的项目而不是尤利乌斯二世墓碑的项目。这也是克雷芒在这间礼拜堂留下自己印记的一种方式，这间礼拜堂内有关尤利乌斯二世的意象实在太多了。米开朗琪罗迁往罗马还有其他原因。佛罗伦萨现在由亚历山德罗·德·美第奇公爵掌权，而这位公爵因米开朗琪罗在攻城战期间支持共和国而记恨他。如果米开朗琪罗留在佛罗伦萨，他肯定会受到骚扰、监禁，甚至被杀害。这位艺术家在罗马一直都有许多交情不错的朋友，最近他还结识了一位年轻的贵族，托马索·卡瓦列里（Tommaso de’ Cavalieri）；从那时起，他写给托马索的信中就充满了热望。1534 年初夏，米开朗琪罗最后一次访问佛罗伦萨，随后便于 9 月 23 日返回罗马。两天后，克雷芒七世去世。他的继任者亚历山德罗·法尔内塞（Alessandro Farnese）——也就是保罗三世（Paul iii）——命令米开朗琪罗完成西斯廷礼拜堂的项目，即《最后的审判》(*The Last Judgement*)（图 42）。保罗三世来自罗马最富有、最老练的家族之一。他之所以愿意继续完成这项由美第奇家族的教皇发起的委托，与其说是出于共同的神学信仰，不如说是出于一份私心，即他想让最伟大的画家为他工作。克雷芒死后，米开朗琪罗曾要求将自己从这个项目中除名；康迪维记录下了保罗当时的回应：“我想这件事已经想了三十年了，现在我是教皇了，难道我就得不到满足吗？”

图 42　最后的审判（*Last Judgment*），创作于 1538—1541 年，壁画

米开朗琪罗非常了解西斯廷礼拜堂的功能和它主要的观众。自从 25 年前他在那里工作以来，这些事情几乎没有什么变化。但其他一些事情则变了。宗教改革（Protestant Reformation）给教会带来了更大的威胁。1527 年灾难性的罗马之劫（Sack of Rome）给这座城市带来了破坏和毁灭。在神圣罗马帝国的庇护下，德意志和西班牙的雇佣兵在罗马横行，声称是在惩罚罗马教皇多年来的腐败。克雷芒缺乏决心，而且不断变换盟友，这些都为这场劫掠埋下了伏笔，他的自责也常被认为是选择《最后的审判》作为西斯廷礼拜堂祭坛墙壁画主题的原因。但是《最后的审判》可能不是唯一被考虑过的主题。一封写于 1534 年 3 月的信中提到，克雷芒已经委托米开朗琪罗画一幅“复活”主题的画了；写信人还提到，脚手架已经搭好了。“复活”这一主题是有道理的，因为礼拜堂入口墙壁上的基督复活画在 1522 年就被破坏了。然而，信中的说法还是含糊不清的，一些学者将其解释为身体的复活——这是传统的“最后的审判”主题中的一个必要组成部分。[1] 在 1568 年版本的传记中，瓦萨里说米开朗琪罗被要求为入口和祭坛的两处墙壁作画，前者主题是“反叛天使的堕落”，后者主题是“最后的审判”。西斯廷礼拜堂的入口墙壁画从来未实现；这面墙最终会在 16 世纪 70 年代由其他艺术家遵循 15 世纪确立的装饰方案而重新绘制。

鉴于礼拜堂内还有其他装饰画，有关为何“最后的审判”这一主题比较适合这个问题，瓦萨里的陈述中并没有指出原因。“最后的审判”代表了人类时间的终结，而从“上帝造物”被选为天花板主题的那一刻起，就暗示了这一点。文艺复兴时期对世界历史的描述通常都是以“上帝造物”开始，以“最后的审判”结束；这样的例子可以在早期的壁画中找到，例如圣母升天协同教堂（Collegiata in San Gimignano）中的壁画，还有由哈特曼·舍德尔（Hartmann Schedel）于 1493 年出版的《纽伦堡编年史》（*Nuremberg Chronicle*）中记录的壁画。如果入口处墙壁的画是“反叛天使的堕落”，那么它会在时间开始和终结处的审判图像之间创造更强的联系。甚至有人提出，当尤利乌斯二世于 1508 年第一次委托创作天顶画时，他就打算在祭坛墙上画一幅以“最后的审判”为主题的画作。[2] 实际上，正是在尤利乌斯统治期间，“身体复活”的信条在 1511 年 7 月第五届拉特兰会议（Fifth Lateran Council）上被肯定下来。也许最重要的是，“最后的审判”是天主教信仰的基本教义——不是只有在危急时刻才会考虑到的事情。对于信众来说，这是一个胜利和荣耀的时刻，而如果它在旁观者中引发了恐惧，那是因为旁观者有理由恐惧。

无论选择这个特定主题的原因为何，这个项目都是在保罗三世的领导下发展并完成的。在他的赞助下，这个项目既有收缩的地方也有扩大的地方。任何有关入口墙壁上“反叛天使的堕落”的想法都被放弃了，但是绘画创作的范围却扩展到了整个祭坛墙。完成于克雷芒去世前的素描显示，米开朗琪罗一开始尝试着在祭坛画和他大约三十年前

图 43 《最后的审判》细节：基督与环绕着的圣徒

创作的半圆壁画上创作。[3]但是在保罗三世治下，整面墙都重新铺上了一层砖，所以墙的上部向前倾出了 30 厘米。瓦萨里说，这样做是为了减少落在壁画上的灰尘，但这也移除了界定墙壁的建筑元素：两扇窗户被挡住了，15 世纪的油画以及装裱这些油画的檐板和壁柱也都被去掉了。在此过程中，米开朗琪罗自己的半圆壁画被毁坏了，半圆壁之间的拱肩（spandrel）被缩短了，而曾经矗立在先知约拿雕像下的小天使像也不见了。[4]到 1536 年，这一扩展了的创作场地为米开朗琪罗那一览无余的视野做好了准备。

“最后的审判”是一个复杂的主题，它代表的是基督徒相信一定发生过但却只能凭空想象的事件。在《旧约》的预言、《马太福音》和保罗书信中都有所提及，但其在《启示录》中描述得最为生动。还有其他通俗的和文学性的描述存在。米开朗琪罗同时代的大多数人都知道的早期例子，在全意大利的教堂中都能找到。虽然这些例子在细节上呈现出了很多样的变化，但这种视觉传统也表明，关于最后审判日诸事件的描绘有一套成例。《圣经》的文本和早期的例子清楚地表明，那些位于基督左边的人将判处永恒的痛苦，而那些在他右边的人将获得永恒的荣耀。在最后审判日凯旋的耶稣位于中心，周围则是得荣耀的众生，有天使也有圣徒。从传统上讲，其中最重要的便是人类伟大的祈祷者，即圣母玛利亚和施洗者圣约翰，他们和耶稣一起被称为 Deësis。从坟墓里起身出来的人们则被展示在画面的底部；其中一些向上移动，加入天佑者的行列，另一些则被引导入地狱，传统上后者展示在画面的右下角——也就是说，在整个画面中的基督左侧。米开朗琪罗通常也会按部就班。的确，即使是在他最初的草图中，米开朗琪罗也强调了动作以及这些人物群体之间的联系，但将其看作一个圆形的或者抛物线形的构图，就如一些学者所做的那样，就是将后人的观点强加在这幅壁画上了。后来描述这一壁画的人——康迪维、瓦萨里和包括焦万·安德烈亚·吉利奥（Giovan Andrea Gilio）在内的评论家——都在谈论着米开朗琪罗创造的这些人物群像。这些对主题的清晰呈现和理解是必不可少的。

然而，米开朗琪罗的作品也出乎人们的意料，有时能从他挑选的人物中解读出特殊的含义。例如，观众期望看到圣母玛利亚在基督右边而圣约翰在他左边。而米开朗琪罗却将圣约翰置于基督的右边，把圣彼得放在了圣约翰的对面。16 世纪的观众会非常熟悉对称或近乎对称的配对意味着什么。他们可能会思考这两位如何能被认为是地位相当的——也许圣约翰象征着洗礼和进入教会，而圣彼得代表着教会以及教皇在教会内部维护成员的权力。瓦萨里在描述这两个对称人物时使用了同样的逻辑，尽管他将施洗者圣约翰与“人类之父”亚当联系起来，而圣彼得则代表了教会的创始人。圣彼得在基督左边，而这个位置可能也会让人想起罗马教堂里的其他意象，尤其是基督将两把钥匙交给圣彼得的情景，这也是西斯廷礼拜堂墙上的壁画主题。[5]

米开朗琪罗以带状形式排布这些人物，如此便与环绕礼拜堂的装饰带相呼应了。最下面区域的死后复生和地狱对应于想象中的绞刑；更加单一的色调似乎能吸收大窗帘的金银色调。拉斐尔的挂毯画就位后，场景中的效果会有所不同，但即便如此，其中的意象也能与《最后的审判》联系起来。在这之上人类被上下拉扯的区域可与15世纪的历史绘画相对应。最引人注目的是，包含了基督、圣彼得和许多其他圣徒的区域是与窗户还有各位教皇的肖像呼应的。白天，窗户将这个区域照得格外明亮，创造出了辉光，为艺术化表达的荣耀增添了真正的光彩，这些荣耀是由基督周围的黄色椭圆光轮和他身边环绕的人物共同构成的向前的推力表现出来的。这组群像整体上向前冲去，幻想着冲进这座礼拜堂。那些坐在靠近内坛前方祭坛附近司祭席的人认为自己是天庭的延伸；米开朗琪罗使用基督周围人群这种向前的延伸来强调其中的相似性。文艺复兴时期的观众非常熟悉这种空间效果，这里的空间效果不是通过直线透视而是完全通过身体的前缩透视、重叠还有尺寸变化来实现的。

米开朗琪罗还将其与天顶画做了有意义的联系。在传统的意大利的“最后的审判”中，提着耶稣受难刑具的天使也是常见的元素。在半圆壁中，这些天使都是以强烈的前缩透视和非常活跃的裸体形象展示出来的。他们在意象上的复杂性令人印象深刻，使得审判场景得以圆满，但他们似乎出现在一个远离审判场景的空间之中。这种分离有助于创造一种向天花板延伸的过渡，柱子和十字架的线条在视觉上与哈曼绞刑架以及邻近穹隅中的铜蛇柱非常相似。这些不仅是视觉上的联系；更确切地说，它们强调了哈曼之死这一《旧约》故事以及铜蛇的浮雕装饰，而这些都是耶稣受难的典型预兆。

16 世纪的观众比我们今天的大多数人更加清楚各种颜料的昂贵。在《最后的审判》中，米开朗琪罗在壁画的整个背景上使用了价格不菲的深蓝色（ultramarine blue），通常是采用湿壁画（buon fresco）的技术，也就是在涂抹墙壁的灰泥变干之前上色。为了增加深蓝色的亮度，他还运用了干壁画技术（secco）（在干了的灰泥上），但大部分都已经脱落了。这幅画的表面没有使用金色，但基督背后的黄色，尤其是与深蓝色的背景相互对比，创造出了一种类似金色的效果。[6] 一位学者观察到，基督背后的黄色光轮与礼拜堂窗户的大小和高度都差不多，如此便创造出了一个虚拟的光源，从基督那里散发出了荣耀的光芒。[7] 米开朗琪罗把基督描绘成一个没有胡须的像阿波罗一样的人物，这一形象脱胎于著名的雕塑《观景殿的阿波罗》（*Apollo Belvedere*），该雕塑在尤利乌斯二世统治期间被收入梵蒂冈的藏品之中。基督和阿波罗的结合有着早期的基督教根源，而且在表现“最后的审判”时，使用阿波罗这个视觉参照尤其合适，因为阿波罗不仅是光明之神和太阳神，也是正义之神。对太阳的暗示可能也指向了哥白尼的观点，即太阳是宇宙的中心，而这是克雷芒三世在去世前才了解到的。[8] 尽管礼拜堂里其他人是否会意识到这里的天文学暗示还存在争议，但许多评论家确实注意到了米开朗琪罗所创作的没有胡须的基督，而一些仿照米开朗琪罗壁画进行创作的艺术家则又回到了更加传统的有胡须的基督上；亚历山德罗·阿洛里（Alessandro Allori）有关这一主题的简明版画作就是如此。[9]

在这幅画中，一些人物形象的表现展示了这一事件是如此的辉煌荣耀，如此的炫目，以至于单靠肉眼是无法领会的。一些人蒙住眼睛不去看基督的形象；另一些人似乎闭着眼睛晕了过去。《最后的审判》还以另一种方式在不敬虔的人面前“隐藏”了自己：它当中蕴含的复杂意义——通过引用诗歌或其他艺术作品来表达——不是直接呈现出来的，而是通过典故和隐喻间接呈现的。这在右下角的地狱场景中表现得最为明显（图 44）；这是米开朗琪罗最具创造力和挑战性的作品之一。他有选择地使用了但丁《地狱》（*Inferno*）中的人物，即使那些只是听过这位诗人作品的人也很容易认出这些人物。船夫卡戎（Charon）渡罪人过冥河（Acheron），而米诺斯（Minos）则将他们分配到地

图 44 《最后的审判》细节：地狱

狱的各层之中，而具体分配到哪一层则要看米诺斯用尾巴缠绕自己的次数。然而，即使大多数人都能很容易地认出这些人物，那些仔细研究过这一场景并很了解《地狱》的人也会注意到许多模棱两可的地方。船夫没用桨来划船——事实上，他似乎准备好要挥舞船桨以把船上的人驱赶到另一边。米诺斯看起来更像撒旦；他的尾巴实际上是一条蛇。此处没有展示但丁所描绘的肉体上的折磨，但罪人似乎已经受了皮肉之苦。其他的细节甚至可能令最专业的但丁读者着迷：一个长着翅膀的恶魔背着一个被诅咒的人，这让人想起了格律翁（Geryon），一位掌管欺骗者命运的人。[10] 此处是整个壁画的一个暗角，这也与此场景相吻合，但一些恶魔身上的金属色颜料又把这里"照亮"了。这些区域和背景中炽热的光芒会吸引观众的注意力，尤其是在用蜡烛照亮这间礼拜堂的日子里。

自利奥·斯泰因贝里（Leo Steinberg）具有挑衅意味的文章《作为仁慈异端的〈最后的审判〉》（*The Last Judgement* as Merciful Heresy，1975）发表以来，对米开朗琪罗这幅《最后的审判》的主流解释便是说，它隐秘地表达了天主教改革运动支持者的理念，特别是那些被神修派信奉的理念，而米开朗琪罗的朋友维托丽娅·科隆纳就是其中一员。[11] 无论米开朗琪罗的隐秘信仰是否与因信称义有关，他为教皇所画的壁画中的确有很多关于祈祷、善行和圣礼的内容。在壁画的左下方，在死人复活的画面中，有一个剃了发的教士，他的动作表明他要为一个奄奄一息的人施膏油，这令人联想到天主教的临终涂油礼（Extreme Unction，罗马天主教会给病弱教徒举行的敷擦圣油仪式），而这也是被新教改革者毁谤的圣礼之一。[12] 其他人则被玫瑰经念珠拉上天堂，或者被已经得救的人扶起。被宣布灵魂可上天堂的人中有许多都双手合十祈祷（一个人一头栽进地狱也是如此——很明显，祈祷对那些应下地狱之人失去了作用）。壁画右面的人物，手里拿着曾经折磨或杀死他们所用的物件，他们是殉道者，表达了自由意志和信仰结合便能获得救赎的信念；此外，对他们遗物的崇拜曾经（现在也仍然）得到了教会的肯定。[13] 通过敬拜遗物，虔诚的信徒便能为自己或死去的人求得救赎；而这是新教改革者最强烈反对的一个观点。在这幅画中，一些被宣布灵魂可上天堂的人亲吻着敬拜的对象，很明显，无论象征西斯廷礼拜堂祭坛十字架上真十字架遗物的是十字架还是念珠，都是为了感恩它们所具有的救赎功效。

尽管在西斯廷礼拜堂，很多人看到这些证明天主教信仰被认可的迹象时会很高兴，但如果仔细观察这幅壁画，他们就会发现一些对教会腐败率直的揭示。右边，一个正被拉向地狱的罪人身上挂着一袋钱币和两把钥匙。在这组群像中，这是唯一表现特定罪行的地方，而它肯定代表了七宗罪。这些钥匙不是上方的圣彼得给基督那样的金银钥匙，而是令人想起那些因为贪婪而失去光泽的钥匙。两名天使拿着记录善恶的书册。根据康迪维的描述，这些书册被天使拿着以便“每个人都能阅读自己的生平，并几乎可以评判自己”，但壁画中没有一个人的安放位置是用来阅读这些书册的。真正能清楚地阅读这些书册的是那些在礼拜中靠近祭坛的人。更直接地同礼拜堂内的观众对话的是一个轻蔑的恶魔，他徘徊在圣器室的门上。无论那些注定要看到它的人有没有发现自己在其中也体现了善恶，这件表现最后审判的画作也是非比寻常的。

与观众建立联系最有效的方法之一，就是在画中加入他们能认出来的人物肖像。这是米开朗琪罗年轻时在基尔兰达约的工作室中学到的一种策略。在《最后的审判》中有一些肖像，尽管没有一开始设想的那么多；作为现代的观众，我们可能很难辨认出这些人物，因为我们不知道许多人物的准确形象，但米开朗琪罗同时代的人对此却非常熟悉。教皇的司仪，比亚吉奥·达切塞纳（Biagio da Cesena）在该壁画揭幕前做出了批评。在第二版的《艺术家生平》（*Lives*）中，瓦萨里讲述了一个故事。作为回敬，米开朗琪罗在地狱的场景中把比亚焦画成了米诺斯。洛多维科（Lodovico Domenichi）在他 1564 年出版的书中（*Facezie*）也写到了这件事；在他的版本中，比亚焦被画成其中一个受诅咒的“被魔鬼折磨”的人，可能是壁画右缘一个不起眼的人物。[14] 在这幅画作中，至少发现了四处米开朗琪罗本人的肖像，尽管只有一处，即圣巴塞洛缪（St. Bartholomew）手里拿着的那具皮囊，真正令现代的观众展开了丰富的想象，他们在其中发现了米开朗琪罗自我怀疑的证据，因为这具毫无生气的皮囊在空中晃晃悠悠，好像随时都会坠入地狱。然而，16 世纪的评论家都没有注意到这一点。同时代的评论家也没人注意到壁画中彼得罗·阿雷蒂诺（Pietro Aretino）的肖像。阿雷蒂诺是一位作家，他曾激烈抨击过米开朗琪罗的壁画，而我们这个时代的观众常把画中的圣巴塞洛缪看成他，他一手挥舞着刀子，另一只手拿着有着类似米开朗琪罗脸的皮囊。然而，阿雷蒂诺的批评直到该壁画完成四年后的 1545 年才写出来。即使是阿雷蒂诺的好朋友瓦萨里也认不出他来。[15]

考虑到尤利乌斯二世家族的纹章在整个西斯廷礼拜堂内都有所呈现，所以无论是克雷芒七世还是保罗三世家族的纹章都没出现这件事就显得比较奇怪。米开朗琪罗的两位传记作者都解释了为何保罗家的纹章被遗漏了：米开朗琪罗想要表达的是，他的这项委托任务是从克雷芒那里接受的。也许最重要的是，画中已经提到了保罗所信奉的一些特定的理念：被念珠拉起的黑人形象暗示了保罗对奴隶贸易的谴责，正如 1537 年 6 月 2 日颁布的教皇训谕（Sublimis Deus）所宣称的那样。在训谕中，他肯定了新世界的原住民，还有黑人和其他被奴役的人都是真正的人，他们也可以得到救赎。[16]

1541 年 10 月 31 日，《最后的审判》揭幕，那天是万圣节守夜日，29 年前的同一天，西斯廷教堂天顶画揭幕。瓦萨里说，它向公众开放，“不仅震惊了罗马，也震惊了全世界”。当然，这是一种夸张的说法；那一天礼拜堂可能向公众开放了，但瓦萨里自己当时并不在城内，他在威尼斯，而且并没有出现全民的欢庆。瓦萨里的确暗示了一件重要的事情：并不是所有的观众都能在西斯廷礼拜堂内观看《最后的审判》。在壁画揭幕后的几周内，在枢机主教埃尔科莱·贡萨加（Ercole Gonzaga）的要求下，马尔切洛·韦努斯蒂（Marcello Venusti）复制了这幅壁画。几年后，韦努斯蒂又为教皇的孙子、枢机主教亚历山德罗·法尔内塞（Alessandro Farnese）绘制了另一幅复制品；那份复制品现在收藏于那不勒斯的卡波迪蒙特国家博物馆（Museo di Capodimonte）。其他的艺术家也被邀请来画素描，而雕刻师就用这些素描来制作《最后的审判》版画，普通人也可以买到这些画。事实上，《最后的审判》是米开朗琪罗作品中第一部以印刷复制品的形式广为传播的作品。在一些地方，大型的版画是由多个图版粘在一起组成的，这样能够创作出一幅超过一米半高的完整图像。这种形式的优点就是可以记录下非常精确的细节。这批大型版画中最早的一些是在 1543 年由尼科洛·德拉卡萨（Niccolò della Casa）分割开来一件一件发售的。[17] 最早一批发售的片段所描绘的肯定是尼科洛的出版商认为会卖得最好的场景，即有关基督的中心场景和地狱场景。其他的版画尺寸则更合理（大约 22—55 厘米高），一张板上就能展示出整个《最后的审判》。朱利奥（Giulio Bonasone）的版画似乎是第一个发售的，而在版画下方的题字中，他说这幅作品是直接来自米开朗琪罗的壁画。这件事之所以值得一提，是因为直接从壁画复刻的版画是非常稀有的；之后的版画大多数都是从其他版画复制而来的。

在这幅画完成之前就发表的评论也清楚地表明，评论家们认为《最后的审判》将是米开朗琪罗创作生涯的高峰。教皇克雷芒七世可能也有同样的感受；米开朗琪罗的两位传记作者都清楚地指出，这个主题是克雷芒选择的，因此米开朗琪罗“可以展示设计艺术所能做的一切”，事实上，很少有哪个主题能如此适合米开朗琪罗展示剧烈运动中的裸体的杰出处理技巧。在保罗三世治下，米开朗琪罗可能会觉得自己可以纳入更多对古典艺术和文学的参考。法尔内塞家族（the Farnese）是最伟大的古董雕塑收藏者之一，而其他由保罗委托的作品也是16世纪最精美的，且其风格也与史诗文学有关。[18]米开朗琪罗似乎有很大的自由来阐述这个主题——毕竟，它被期望要激起所有看过这幅作品的人的敬畏与恐惧。他当然一定很享受这个机会，可以发明动作、姿势和表情，还可以用裸体展示人性的多样性，感受极度的喜悦和痛苦。

但是，随着这幅画以印刷品的形式不断传播，很多观众都与米开朗琪罗在西斯廷礼拜堂中设想的完全不一样，随之而来的批评可想而知。发表的信件和长篇论文都是关于这幅画的，抱怨画中过度的裸露、夸张的姿势和含糊的意义。一些评论家担心妇女和儿童会怎么想——尽管无论是妇女还是儿童都不太可能真的看到这幅壁画。这些批评的确反响强烈。在16世纪50年代末，教皇保罗四世表达了对壁画中裸体人物的担忧。正如瓦萨里描述的，米开朗琪罗回应说这种事情很好解决，而教皇应当花更多心思去解决世界性的问题。从1564年米开朗琪罗去世的那一年开始，由达妮埃莱·达沃尔泰拉（Daniele da Volterra）领导的一组画家在一些最可能具有冒犯性的人物身上画缠腰布，其中就包括圣巴塞洛缪和壁画右缘拿着十字架的圣徒。他们对圣布莱斯（St. Blaise）和圣凯特琳那（St. Catherine）做了更大的改动，如此一来，布莱斯不再低头望向凯特琳那，而是转头面向基督。也许更重要的是，这场争论引发了人们对一种新型绘画的呼吁，这种绘画能更好地传达天主教信仰的思想。艺术不是要人们关注它本身的复杂精妙，也不是要挑战观众解读人物和动作含义的能力，艺术是服务于宗教的，应当使用更加直接的图像，并引发更加强烈的情感反应。还要再过几十年——再借助像卡拉瓦乔（Caravaggio）和贝尔尼尼（Bernini）这样的艺术家的创造力——才能创造出一种引人入胜、清晰明了但还具备艺术复杂性的新风格。

米开朗琪罗开始在保禄小堂（Pauline Chapel）工作时已经67岁了。二十年来，他一直都在抱怨自己太老了，无法完成他做的工作，而这些壁画也的确显示出了一种克制，这可能是疲倦的结果。几乎没有证据表明他失去了任何一项技术能力，但分别展示的壁画《扫罗的皈依》（图45，*Conversion of Saul*）和圣彼得受难（图46，*Crucifixion of St. Peter*）所体现的艺术鉴赏力要比《最后的审判》差很多。这些作品中的前缩透视也很夸张但却是有选择性的，而且它们也较少运用蛇形姿势。尽管有一些令人费解的细节，但肖像本身则非常清晰，很少有文学或古典作品的暗示。而且在这些壁画中，裸体人物的数量也没有《最后的审判》那么多。这些变化通常被认为是部分地体现了米开朗琪罗的“老年风格”，或者是他在遇见维托丽娅·科隆纳后日益高涨的宗教虔诚的结果（下一章将考虑她的影响）。然而，这些也部分地被解释为是对《最后的审判》所引发的批评的回应，即使在这个新项目开始之初，那些批评还非常不起眼。

保禄小堂比西斯廷礼拜堂更小，也更私密。前者距离后者很近，就在后者的东南面；进入两座礼拜堂都要通过帝王厅（Sala Regia）。保禄小堂是在16世纪30年代末由小安东尼奥·达·桑加洛（Antonio da Sangallo the Younger）设计，是展示圣礼的地方，而且一直到1670年，这里都是枢机主教投票选举教皇的地方。[19] 选举结束之后，新教皇首先会接受枢机主教们的敬拜，然后他会站在窗户前向聚集在窗下的民众宣告就职，这扇窗户之前是面向圣彼得大教堂前的广场开放的。保禄小堂长期以来一直是教皇的私人礼拜堂，而且它的空间在过去——以及现在——都非常有限。在16世纪晚期，两次壮观的宗教仪式，即圣周（Holy Week）期间的圣体移供和圣餐前的四十小时持续

图 45　扫罗的皈依（*Conversion of Saul*），创作于 1541—1545 年，壁画

祷告仪式（Forty Hours' Devotion），吸引了成千上万的朝圣者，这些朝圣者可以从入口位置看到祭坛上戏剧性的装置。[20] 在这两场仪式中，人们点燃了成百上千支蜡烛和火把，而烟灰则把壁画熏得很黑，甚至连那些有幸瞥见壁画的游客也抱怨说他们几乎什么也看不到。20 世纪 30 年代的修复工作移除了大部分的烟灰累积，而另一场完成于 2009 年的修复工程使我们能更清楚地观察米开朗琪罗的

图 46　圣彼得受难（*Crucifixion of St. Peter*），创作于 1545—1549 年，壁画

画作。[21]

显而易见地，圣保罗和圣彼得的生平事迹是这一空间的主题。他们二人是罗马最伟大的两位使徒，他们生平的片段则被描绘在挂毯上，这些挂毯是由拉斐尔设计用来在西斯廷礼拜堂使用的。保罗三世对圣保罗有着特殊的偏爱；他不仅在选举时取了这位圣徒的名字，而且在保禄小堂建成前的几年时间里，他还经常在圣保罗大教堂（San Paolo

Fuori le Mura）中庆祝保罗的皈依。[22] 在选举新教皇的礼拜堂中，圣彼得的重要性不言而喻。然而，这两位圣徒生平事迹成对出现也是出人意料的。第一版的《艺术家生平》写于 16 世纪 40 年代，彼时瓦萨里还看不到这些壁画，在书中他说，这些画描绘的是扫罗的皈依和基督交钥匙给圣彼得的更加常见的组合。同样和谐的配对是将圣保罗斩首和圣彼得受难放在一起，正如在圣彼得大教堂中菲拉雷特（Filarete）设计的那扇巨大的铜门上看到的。米开朗琪罗将皈依和殉道配对的决定肯定是与教皇保罗三世这位赞助人协商后做出的。这些主题都直接关系到该礼拜堂内的活动、保罗的个人利益，以及当时对教皇权的威胁。教皇急切地等待壁画完成，并于 1549 年 10 月 13 日拜访米开朗琪罗，察看工程进度。教皇于 1549 年 11 月 10 日去世，几个月后壁画才完成。

这座礼拜堂是新建成的，因此米开朗琪罗在创作时就不会受到其他已有叙事场景的约束。墙面被壁柱分隔成若干部分，在接下来的几十年里，其他描述圣彼得、圣保罗和圣史蒂芬（基督教第一位殉道者）生平事迹场景的画作便会由洛伦佐·萨巴蒂尼（Lorenzo Sabbatini）和费代里科·祖卡罗（Federico Zuccaro）来完成。在米开朗琪罗开始工作之前，天花板已经用灰泥粉饰过了；不过现在已经有了新的天花板，更有其他的灰泥雕塑和人造大理石板丰富了空间。当壁画第一次完成的时候，造成影响的东西更少，观众可以更完全地将注意力集中在他们面前的图像上。画作的主题与枢机主教们有着密切的关系，他们会坐在长椅上，这些长椅原本是沿着两侧墙壁建造的，这样大部分人就能正面对着壁画。[23] 他们靠近壁画——比西斯廷礼拜堂内枢机主教更近地面对画作——只会增强视觉效果。

在很多方面，米开朗琪罗都是根据礼拜堂内的实际空间和观景条件来创作这幅画的。近代的观察家们注意到，从入口处的倾斜角度看时，这两幅壁画的不对称构图似乎更加平衡了，也注意到了当观众从入口走向祭坛时，故事是如何展开的。当教皇和枢机主教列队走进礼拜堂并移动到祭坛时，这些效果尤其明显。当米开朗琪罗绘制这些壁画时，礼拜堂内强烈的自然光会照射到保罗皈依的场景上，在那里光线起着非常重要的作用。另一方面，彼得殉道的场景在一天的大部分时间里则处于阴影之中，为这一场景增添了阴郁的气氛。[24] 礼拜堂内的窗户在壁画上方，但这两幅画中的风景都营造了一种开阔的错觉，仿佛这些场景事件都发生在墙外，而两幅画中的人物甚至似乎穿越到了观众所在的空间。[25]

由于保罗皈依的场景与《最后的审判》中的场景有诸

多相似，因此人们认为它是较早绘制的，据说创作于 1542 年至 1545 年之间。这个故事在《使徒行传》的几个段落中都有讲述。在大马士革前往逮捕基督徒的路上，扫罗被狠狠地摔在地上，被一束耀眼的光芒和耶稣的声音震住。与他同行的人也看见了圣光闪现，听见了声音，却不明白是什么意思。扫罗的眼睛暂时变盲了，不得不由同行之人带他进城，但很快他的视力就恢复了。从那以后，他成了对异教徒传道的最伟大的传教士，并在向他们传道时使用自己的罗马名字“保罗”。

米开朗琪罗在两个区域展示了皈依的时刻。上面，天使飞向基督，仿佛是被他吸引；这些天上的人物中有许多令人想起了在《最后的审判》中获神佑的人或天使。耶稣的突然降临是通过他扭曲的身体来表现的，这是一个夸张的蛇形形象，通过自身的运动体现出生命的能量。按照透视缩短法，他被大幅缩短，米开朗琪罗凭借高超的技艺抓住了观众的注意力，同时也传递了视觉上的意外和力度。基督的右手伸向保罗，左手指向大马士革，保罗将在那里接受新的使命。从基督伸出的手到保罗，这一段路径上有一道金光轨迹；似乎在保罗下面散布，创造了一种尘世的光轮。对基督所传递信息的接纳表现在圣徒那弯曲的身体上，身体的曲线似乎延续了金光的轨迹，并模仿了耶稣身体的曲线。其他的士兵和旁观者都暂时失明或失聪了——他们遮住了眼睛和耳朵——但他们和保罗的马一起向四面八方走开了。只有一个人停下来帮助保罗；他很有可能就是那个将这位新皈依者带到大马士革的人（《使徒行传》9：8 和 22：11）。在壁画的左缘，城市以白色的线条轻轻地描绘出来，看起来就像海市蜃楼一样虚无缥缈。米开朗琪罗可能不是很清楚大马士革的确切样貌，但他可能听过一些口头描述，因为背景中的山形墙和大圆顶与这座城市的大清真寺（Great Mosque）很像。这一精致的城市景观是在 2009 年修复完成时才显露出来的；它曾一直被一道景象所掩盖，而那景象使这座城市看起来更加“东方”，有更多的圆顶和半圆室（apses）。[26] 米开朗琪罗试图创造一个尽可能真实的图像，以强调大马士革在保罗传道之初的重要性。这恰好是保罗蒙召承担领导教会新责任的时刻，与之平行的则是新当选的教皇回应他号召的时刻。

对面的墙壁上，圣彼得殉难，忍受着被钉在十字架上的屈辱，而彼得自己要求头朝下钉在十字架上，这就使得这一殉难表现得更加谦卑；他觉得自己不配像基督那样头朝上被钉在十字架上。[27] 彼得最初是裸体的；我们今天看到的缠腰布是后来才加上去的。他是这幅壁画中唯一的裸体人物，但他的裸体没有体现出什么英雄气概。脱光衣服是行刑前羞辱罪犯的一种方式；再加上他头朝下的姿势，就更有辱人格了。这幅壁画中的人物要比《扫罗的皈依》（*The Conversion of Saul*）更密集，但大多数人物或站或向前走，却都没有太多扭转或复杂的姿势。在最靠近圣彼得的位置上发现了若干例外：挖洞的人和那些抓着十字架的人的身体都有大幅度的弯曲，这使我们注意到中心的场景，同时也说明了完成这项任务所需要的体力。彼得扭动上半身差点儿掉下十字架，并转头向外瞪去。他的目光非常锐利——吸引了整个空间内的观众。他仍然精神饱满地活着，在他将权柄交给他的继任者时展现得尤为明显。

这个场景非常精确地展示了彼得被钉十字架时所在的蒙托利欧山（Montorio Hill）。通往山顶的楼梯以及从山顶上看到的远处的山脉都与现场实际景观中的元素相对应。[28] 从1502年到现在，此处以伯拉孟特的坦比哀多礼拜堂著称；时至今日，它不仅是朝圣者的目的地，也是建筑爱好者的目的地。此地的神圣性是毋庸置疑的。米开朗琪罗肯定知道彼得受难的更传统的表现形式，也就是十字架已经倒立起来，而使徒的脸则面向前方。相反，在米开朗琪罗的壁画中，他却展示了十字架在放进洞前被立起来的过程。这个地方，也就是十字架立起来的地方本身就值得崇敬，伯拉孟特的坦比哀多礼拜堂的地板上，有一个开口来标记这个神圣的地点。朝圣者们会弯下腰并触摸这个地方以重现当时的情景。[29] 右下角被画面边缘截断的四名妇女是那些从画面右上角山顶走过来的朝圣者群体中最老的，这些朝圣者都站在这一场景后面惊奇地望着——一些人还告诉其他人别说话——然后继续向下走并离开这个空间。其中的两名妇女还偷看了一眼；另两名则凝视着前方，与礼拜堂内的观众目光相遇。就在这一群妇女的上方，是一个戴着兜帽的男子，这一形象很有名，通常被认为是一幅自画像。他也是一名朝圣者，就像米开朗琪罗为他的肖像章背面所选的盲人朝圣者一样。[30] 他双目紧闭，看上去很孤僻，跟周围拥挤的人群保持了一定的距离；他没有观看殉难，而是在脑海中想象着。

《圣彼得受难》（*Crucifixion of St. Peter*）中的朝圣者有折叠时间的效果。通过表现当下同时代朝圣者的行为，这些人物实则是在纪念过去的事件，场景左侧的士兵和刽子手在事件发生时也积极地参与到这场殉道中。学者们在壁画中发现的肖像——无论是教皇保罗三世、米开朗琪罗还是其他人的——也是如此，他们在历史时刻和当下之间创造了一种联系。

与《最后的审判》一样，保禄小堂的壁画也经过了“审查”，后来也被重新绘制了。《扫罗的皈依》中天使的生殖器被盖上了缠腰布，不过这些缠腰布在 20 世纪 30 年代的修复过程中被移除了。画在圣保罗生殖器上的覆盖物仍然清晰可见，1568 年之后添加的钉子也是如此。这些钉子在乔瓦尼·巴蒂斯塔（Giovanni Battista de’ Cavalieri）那个时期制作的版画中还看不到。在乔瓦尼·安德烈亚·吉利奥于 1564 年出版的《论画家的错误》（*On the Errors of the Painters*）中，它们的遗漏成了争论的话题。对话中的一名参与者抱怨某些细节被省略了，包括绳索和钉子，这些都会显示殉难的残暴。另一个回答说：

> 人们可能会说，这并不是缺乏创见的。众所周知，圣彼得是被钉在十字架上的。当某人被绞死的时候，你不可能感受不到他遭受的暴行和暴力的死亡，所以，当你知道圣彼得被钉在十字架上时，你也一定会感受到殉难的残暴，能想到十字架、钉子、绳索以及其他任何需要的东西。而米开朗琪罗就是这样做的，为了修饰他所描绘的神秘性，也为了通过这一新形式引入一种新的做法……如果你看他的姿势，你就会想到一个人颠倒身体要付出多大的努力，这从他的眼睛以及转动的胸部就能看到，他的胸脯似乎被死亡的痛苦折

磨着。人们认为这种新的创作形式，相比于钉子、绳索和铁链的暴行更能给观者带来愉悦和美感。[32]

尽管吉利奥论著的主旨是谴责任何可能造成宗教形象混乱的事情，但在这里，他书里的发言人却提供了一个最清晰的陈述，说明了这类变化如何能吸引观众的注意。首先，观众被假设是知道这一故事的，然后他们还被假设知道对于展开描绘的行动来说必要的事。相应的遗漏本身会使他们看到其他的细节（眼睛、胸部的扭动），如此一来，也能使人们更生动地想象到圣人遭受的痛苦。就在观众感受到圣徒的痛苦之时，与传统形象相比，这种新的互动参与方式更有效地吸引了人们的注意力，从而带来愉悦感。

这一互动的关键点聚焦于彼得的死。在教皇的权威受到质疑，教会的根基被新教改革者动摇的时代，圣彼得的殉道就成了证明教皇才是基督真正继承者的证据，这件事不仅借着基督的话语，也借着彼得为信仰而死的意愿，而得到了证明。[33] 对那些将要成为教会领袖的人来说，礼拜堂所传递的信息再清楚不过了。

第 6 章
爱情、欲望与政治：为私人观众的创作

在为教皇效力，参与那些雄心勃勃项目的年月里，米开朗琪罗也收到了许多私人客户的委托和请求，而且在一些情况下，他还会为一些特别的朋友创作作品。这些作品展示了受赠者或作者的感情，而且通常是展示了两者的感情。无论是色情的、政治的还是宗教的，这些作品往往被视为颠覆性的陈述，它们的意义被隐藏起来，以防止不必要的眼睛完全理解了这些作品想要传递的信息。但在 16 世纪中期，米开朗琪罗的艺术作品很难被私人长期占有。就像《最后的审判》这幅画作那样，其复制品大量扩散，被更广泛的公众根据自己的理解来解读。

1532 年末，米开朗琪罗仍然在参与圣洛伦佐的一些项目，但他也一直在罗马旅行，并期待能移居到这座城市。他和教皇尤利乌斯二世的继任者商定了一份新合同，并急于重新开始设计陵寝的项目。在其中一次去罗马的旅行中，可能是在1532年12月，他被介绍认识了一位名叫托马索·卡瓦列里（Tommaso de Cavalieri）的英俊年轻贵族。米开朗琪罗被这位年轻人迷得神魂颠倒，而且，在他给托马索的信中显示出一种尴尬的卑屈，在一个50多岁的男人面对比他小35岁的男人时，这种卑屈似乎是不合适的。但这种情感显然是双向的：他们互致深情的书信，米开朗琪罗还为这个年轻人创作了许多非凡的画作和诗歌。虽然来往的信件和那些诗歌绘画在16世纪30年代就截止了，但二人之间的友谊却在几十年的时间里都很牢固；当1564年米开朗琪罗临终之时，卡瓦列里也伴其左右。在此期间，卡瓦列里结了婚，成为受人尊敬的市政府成员，并晋升为罗马博物馆的管理员。他深入参与了罗马的城市规划项目，包括米开朗琪罗设计的一些项目，而且在米开朗琪罗死后，他还确保了之后的建筑师会以符合米开朗琪罗理念的风格来完成这些项目。[1] 卡瓦列里拥有一系列古代雕塑，这些雕塑公认可载入乌利塞·阿尔德罗万迪（Ulisse Aldrovandi）编辑的《罗马指南》，而且他还是一个狂热的绘画和艺术品的收藏者。1580年，他将藏品卖掉时，已经积累了超过1400件作品。[2] 在他卖掉的藏品中有四幅画作是米开朗琪罗亲自创作的，但他必定还拥有米开朗琪罗的其他画作，因为瓦萨里说米开朗琪罗曾给过托马索一些他和塞巴斯蒂亚诺·德尔皮翁博（Sebastiano del Piombo）合作项目中使用过的画作，而且当卡瓦列里于1587年去世时，其他一些画作也成了法尔内塞家族的藏品。[3]

人们常说，与那些诗歌和信件相比，米开朗琪罗为托马索·卡瓦列里创作的画是最棒的。这些书面交流之所以被挖掘出来，是为了要寻找这些画作的含义。这些画作其实和那些书面交流一样，也是亲密交流的方式，它们所涉及的事情只有接受者和作者才会知道。物品本身有一种个人特质：米开朗琪罗的手在纸上移动着，有时会来来回回移动，有时会改变一个细节。托马索手里也曾拿着这同样的纸。托马索和米开朗琪罗之间相互交流的书信也使他人对这些画作的看法有所了解。在1533年1月1日的信件中，托马索承认收到了画作，几乎可以肯定的是，这些画作里包括《抢夺伽倪墨得斯》（*Rape of Ganymede*，图47）和《提提俄斯的惩罚》（*Punishment of Tityus*，图48）。[4] 他承诺自己每天会花两个小时思考这些画作，还说“我越是注视着这些画作，它们就越令我愉悦”。他的话暗示了他的勤奋好学，而且瓦萨里后来说，米开朗琪罗之所以把画赠予这位年轻人，是因为这样他就能学会画画了。在这种长期的观察之中，托马索一定已经被那细致的技术迷住了，那是由粉笔轻柔的笔触混合在一起而创造的，就好像在纸上呼吸

图 47 《抢夺伽倪墨得斯》（*Rape of Ganymede*），创作于 1532 年，黑粉笔

图 48 《提提俄斯的惩罚》（*Punishment of Tityus*），创作于 1532 年，黑粉笔

一般。每幅画的主要人物和鸟都经过精心的描绘，以创造出三维的错觉，但其他的细节都被画得很轻，几乎看不见。这些包括一只对着伽倪墨得斯狂吠的狗，还有在提提俄斯所在的冥府大声尖叫的巨大而怪异的树干。男性身体本身所蕴含的美——来自男孩和男人的——会吸引人们的目光，而对比鲜明的构图，以及一些技巧和勾画，共同创造了一个迷人的对立式平衡（contrapposto）。

但从这些画作中还可以学到其他的经验教训。卡瓦列里肯定知道伽倪墨得斯的故事，这个小男孩被带到了奥林匹斯山上，成为朱庇特的斟酒人（和情人）。许多讲述这一神话的作品，如奥维德的《变形记》（*Metamorphoses*），都会轻易地被一位受过教育的年轻贵族所理解。另一幅画作描绘了提提俄斯，一个试图强奸阿波罗母亲勒托（Leto）的巨人，还因此被罚令秃鹫啄食他的肝脏，只不过他的肝脏会在一个永恒的循环中再生。米开朗琪罗在《抢夺伽倪墨得斯》中使用的是一只鹰，而不是秃鹰，这有助于确认这两幅画作成对的关系。这个神话也在许多古典文献中被提及，但它似乎很少被赋予视觉形式。卡瓦列里可能很熟悉这个故事，因为这个年轻人在古典文学方面接受的教育很可能超过了米开朗琪罗。但米开朗琪罗呈现这一神话的方式并不是传统的，这就很有趣了。

这两个神话都是有关性吸引的，而这些画作无疑暗藏了米开朗琪罗对托马索的吸引。《抢夺伽倪墨得斯》这幅画是这一群像中比较明显地表达同性恋的。伽倪墨得斯是一个漂亮的男孩，而提提俄斯是一个成熟的男人，他对这位年轻人的爱慕之情必须被克制。托马索和米开朗琪罗之间关系的相似性是显而易见的。米开朗琪罗的书信和诗歌表达了他的许多情感，但他的作品，就像这些画作一样，其意义都被隐藏起来了。当然，与这些画作相伴的信件是相当谨慎的。它以如下附言结尾：“虽然通常情况下，捐赠人会详细说明要给受赠人的礼物，但出于明显的理由，在这个例子中并没有这样做。”[5] 这种谨慎是有理由的。这些画作还有米开朗琪罗写给这位美丽年轻人的信件和诗歌都表明了他的同性恋欲望。在佛罗伦萨和罗马，公然的同性恋行为都可能受到严厉的惩罚，而米开朗琪罗用了多种方式隐藏了自己的欲望。[6] 在他的诗歌中，他改换了代词的性别，如此一来，这些诗歌就好像是写给女性，而非男性，而且这些画作本身——尤其是《抢夺伽倪墨得斯》，不仅通过它们的古典文学来源，还通过它们明显的道德意义而“伪装”起来。伽倪墨得斯，天真无邪，被爱带到天堂；提提俄斯，傲慢粗暴，忍受着永恒的折磨。这两幅画的含义也许已经被新柏拉图主义有关神圣之爱和世俗激情对抗的思想所掩盖（这些思想是米开朗琪罗年轻时就知道的）但即使没有哲学上的解释，这些对比鲜明的信息也是显而易见的。

一些描绘了法厄同坠落（图 49 和图 50）的画作有些不同，这些画作于 1533 年 6 月到 8 月之间被送给了托马索。显然，米开朗琪罗在没有卡瓦列里任何提示的情况下，送来了《抢夺伽倪墨得斯》和《提提俄斯的惩罚》，然而，有关法厄同的画作是更复杂的合作的结果。米开朗琪罗创作了若干个版本的《法厄同的坠落》（*Fall of Phaeton*）；其中

图 49 《法厄同的坠落》（*Fall of Phaeton*，其一），创作于 1533 年，黑粉笔

图 50 《法厄同的坠落》（*Fall of Phaeton*，其二），创作于 1533 年，黑粉笔

有三个版本幸存下来并附有米开朗琪罗向这位年轻人征求意见的笔记。[7]有充分的理由认为，卡瓦列里也很熟悉法厄同的故事；与天坛圣母堂（Santa Maria in Ara Coeli）正面相连的罗马石棺上就雕刻着法厄同坠落的场景，而托马索家族在此处有一个小礼拜堂。[8]但米开朗琪罗的画作不仅仅是这一浮雕的复制品；相反，这些画作填充了大量的故事并对此加以解释。米开朗琪罗（也许和托马索一起）一定读过这个故事的完整版本，而其中最容易理解的版本肯定是奥维德的《变形记》。在本书第一卷和第二卷中，奥维德描绘了法厄同是如何被一个朋友奚落的，这位朋友声称太阳神赫利俄斯并不是法厄同的生身父亲。当法厄同跟赫利俄斯对质时，后者证实了自己父亲的身份并许诺法厄同想要的一切，但令他父亲沮丧的是，法厄同的要求是驾着太阳战车（Chariot of the Sun）横跨天空。正如赫利俄斯所担心的，他的儿子无法驾驭这些马匹，它们在空中横冲直撞，飞得离地面太近，最后点燃了战车。为了不让大地彻底毁灭，朱庇特插手干预，用雷电把战车打了下来。法厄同和那些马匹坠向大地并掉入了厄里达诺斯河。法厄同的母亲和姐妹，后者即赫利阿得斯五姐妹，在大地上四处寻找法厄同的坟墓，当找到时，这五姐妹悲伤了好久，最终她们扎根在地上。她们的形体化作白杨树，她们的泪珠则化为琥珀。

在所有幸存下来的版本中，米开朗琪罗都设计了一个由三部分组成的构图。在画面顶部，朱庇特骑坐在一只鹰身上并猛烈地投出他的雷电，法厄同和那辆战车则居于画面中央，而悲伤的家属则在下面。大英博物馆和温莎城堡收藏的画作都从正面展示了法厄同，头朝下呈弧线式下降，这与天坛圣母堂石棺上的表现形式很相似。浮雕上的马直立着，仿佛它们只是把骑手摔在地上；[9]然而，米开朗琪罗三幅画作的格局都突出了坠向地面的场景，马头朝下坠落，惊慌失措地疯狂扭动着。在每幅画中，这一群像的构图都是不同的。在威尼斯学院美术馆收藏的画作中，这一组群像几乎以位于画面中心的法厄同为轴呈对称分布。在另外两幅画中，坠落的形象则被安排得更加混乱。[10]赫利阿得斯五姐妹的变化最大。在威尼斯的画作中，她们被描绘得很随意，但她们的野蛮姿态是显而易见的；一个男性形象——显然是河神——也在恐慌中向上伸展。这些形象都相当大，而且似乎正在对坠落战车的威胁做出反应。但在奥维德的传说中，赫利阿得斯五姐妹是在法厄同坠落并被埋葬之后很久才出现的；她们之所以变成了白杨树（见于大英博物馆的画作中，图 49），是因为看到了法厄同的墓碑。最完整的画作是收藏在温莎城堡的画作（图 50）；其中，女性的变形并没有被展现出来，相反，她们看上去就好像是刚刚出现在舞台上。在这个版本中，库克诺斯（Cygnus），法厄同的朋友，已经变成了一只天鹅，但在奥维德的书中，这一幕是在他目睹了法厄同坠落后很久才出现的。天鹅是石棺上的一个细节，而米开朗琪罗还把它放到了伦敦的画作中，但却是作为背景出现（而且看上去像一只鸭子）。在温莎城堡的画作中，天鹅的显著性和姿势更像是石棺上的样子，就像河神的姿势一样。

我们的确不能肯定地知道卡瓦列里是否有更偏爱的一幅画作，但似乎很明显的是，这个故事本身吸引了他，就像它很可能会吸引任何年轻人一样——它是快节奏的，令人兴奋的，而且充满了迷人的景色，从太阳神的宫殿到燃烧的大地。奥维德的故事还把法厄同描绘成一个有些冲动、但非常可信的男孩，把他的父母描绘成谨慎但充满爱心，而且极度关心他们儿子的安全。可以肯定的是，这是一个有寓意的故事，讲述了生活中一个人不自量力的危险。但是，该寓言可以两种方式来解读：一是年轻人应当学会克制，二是年轻人即使在很大程度上失败了也应该努力奋斗——后者，根据奥维德的说法，是写在法厄同墓碑上的观点。但是，卡瓦列里本人对这一故事或这一浮雕的兴趣却鲜少被其他学者考虑。相反，我们被告知，这些素描都是米开朗琪罗在面对这位年轻贵族的地位时表达自己“极度自卑”的方式。[11] 米开朗琪罗的确觉得自己的社会地位不如托马索·卡瓦列里，而和他同时代的其他作者也的确为法厄同的神话赋予了情色的内涵，但至少在这里，托马索的兴趣可能的确启发了这一设计。

其他一些很可能是送给托马索·卡瓦列里的说明性素描就和特定的古典神话没有太多联系了。《孩子们的狂欢》（*Children's Bacchanal*）（图 51）和《弓箭手正在向赫尔墨斯石柱射击》（*Archers Shooting at a Herm*）有对古典和文艺复兴时期艺术的指涉，但这两幅画都有些不自然地

图 51　《孩子们的狂欢》（*Children's Bacchanal*），创作于 1533 年，红粉笔

晦涩难懂。[12] 另一方面,《人类生活的梦想》(*The Dream of Human Life*)(图 52) 似乎是更直接的说教，尽管随着研究的深入，它也变得愈加复杂。在这幅素描中，一个裸体的男性形象似乎在回应“名望”的召唤,“名望”是长着翅膀吹奏小号的形象，但诱惑包围着前者。这名年轻的男子坐在装有好多面具 (妄想?) 的盒子上，倚靠着一个球 (象征命运起伏),他被许多人所包围，这些人参与了七宗罪中的六宗。[13] 这些人中有一些被画得很浅，只有在特别仔细地辨别他们时，观众才可能发现一些乍一看不容易看到的细节。[14] 七宗罪中唯一少的就是傲慢，如果这位男子回应了名望的召唤，那么傲慢可能就是一个人最容易犯下的罪恶。这幅素描引用了米开朗琪罗自己的作品，所以此处所传达的信息似乎是有关米开朗琪罗自己所受到的诱惑，尽管这些同样的罪恶可能会阻止任何有抱负的艺术家取得成就。

有意地让图像模糊不清或赋予这些素描以说教的风格，可能是为了保证这些画作所蕴含意义的私密性所采用的策略，也就是说只有发送者和接受者才能理解这些意义，尤其是很明确地知道其他人也会看到这些作品后就更是如此。从一开始，其他人就被牵涉进米开朗琪罗和卡瓦列里之间通信和送画的事情中来。[15] 正如我们在卡瓦列里一封日期

图 52 《人类生活的梦想》（*The Dream of Human Life*），创作于 1533 年，黑粉笔

为 1533 年 9 月 6 日的信中所看到的，几乎就在他一收到法厄同画作的完成版时，教皇克雷芒七世和枢机主教伊波利托（Ippolito de' Medici）就要求观赏卡瓦列里的所有由米开朗琪罗创作的素描。尽管这听起来可能有些不祥，但其实他们并没有恶意：枢机主教只是想借用一下提提俄斯和伽倪墨得斯的素描，以便可以将这两个人物刻在水晶饰品上。卡瓦列里不愿出借这些素描，而且他还抱歉地告诉米开朗琪罗，他特别想"拯救"伽倪墨得斯的素描。也许对他来说伽倪墨得斯这幅素描格外珍贵，或者他担心此画会被损坏。尽管如此，信中提到的三幅素描——《提提俄斯的惩罚》、《抢夺伽倪墨得斯》和《法厄同的坠落》，确实是由当时最好的宝石雕刻家之一乔瓦尼·贝尔纳迪（Giovanni Bernardi）以雕刻水晶饰品的方式复制下来了；贝尔纳迪还根据这些作品制作了铜牌饰品，后者就更容易被复制了。[16] 这些复制品本来会被相当富有的收藏家买走，但是有关这些画作的讨论变得越来越公开，直到 16 世纪 40 年代，所有与托马索·卡瓦列里有关的六幅素描都已经被制成了版画并公开发行，中等收入的人群也可以购买这些画了。收藏家们购买它们可能是因为它们所表现的古典主题，或者是因为它们的创作者是米开朗琪罗（这些复制品大多数都会题写米开朗琪罗的名字以表明他是这些画作的原创作者），但这些收藏家们不太可能理解米开朗琪罗和托马索二人手上所持作品的真正含义。

几年后，米开朗琪罗创作了另一组完成度很高的素描，他把这些画给了维托丽娅·科隆纳（Vifforia Colonna）。科隆纳是守寡的佩斯卡拉的公爵夫人，也是一位著名的诗人，她的诗作早在16世纪30年代就开始传播了。她也是神修派（Spirituali）的主要人物，神修派是由一群虔诚的神职人员和俗世信徒组成，他们遵循朱昂·巴尔德斯（Juan de Valdés）的教义，信奉更直接的解经方式，一种只需通过信仰所建立的与神圣和正义更加个人化的联系。[17] 神修派为改革教会而努力，但他们也没有想要脱离天主教会。他们讨论的宗教理念非常危险地与新教改革者的理念相近，而神修派的一些成员后来被谴责为异教徒。“因信称义”（*sola fide*）的宗教理念认为救赎可以只通过信仰获得，而不需要圣工。该理念于1547年的特兰托公会议上被宣布为异端邪说，彼时正值维托丽娅·科隆纳去世前不久。

1538—1540年，米开朗琪罗赠送给维托丽娅·科隆纳的素描在很多方面都可与赠送给卡瓦列里的素描相对比：它们都是已经完成的素描，是完整的艺术作品，虽然焦点集中在主要人物上，而且背景细节也被描画得更浅或者被完全忽略。它们都是用同样精湛的技艺完成的，使用了极其精细的笔触，创造出了微妙的明暗层次，或表现了结实的肌肉，或表现了相当的透明度。和卡瓦列里一样，科隆纳也很专心地研究这些素描；在收到《耶稣受难》（*Crucifixion*，图 53）之后写的一封未注明日期的信中，她说她在灯光下用放大镜和镜子仔细观察这幅画，而且她说自己从来没见过这么完美的东西。然而，赠送给科隆纳的素描主题与那些给卡瓦列里的素描非常不同。所有这些素描都描绘了传统的宗教主题，但每一幅都有所不同，以独特的方式指向了科隆纳自己的关注点。

米开朗琪罗送给科隆纳的前两幅素描中，一幅描绘的是耶稣受难，不过基督仍在十字架上活着，而另一幅则描绘的是《圣殇》（图 54）。在上面提到的未注明日期的信中，科隆纳描述了她看到《耶稣受难》时的一些想法："它在我脑海里把所有我见过的其他图画都比了下去"；它是"活的"，是"奇迹"。在另一封信中，她试图解释这幅基督的素描是如何打动她的，她说这幅画推动她自己超越自己理解的极限，而且通过这幅画，她已经意识到"只要相信就没有什么不可能的"。科隆纳在她的描述中没有更进一步（事实上，她说她没有能力这样做），但是这些素描本身却暗示了它们如何可能鼓励这种超越。二者都是象征性的图像，强调直接呈现供默祷的神圣人物，而不是叙事性的图

图 53　《耶稣受难》（*Crucifixion*），创作于 1540 年，黑粉笔

图 54 《圣殇》（*Pietà*），创作于 1540 年，黑粉笔

像，后者必须解读为根据时间顺序发展的故事。这两幅作品都以强烈的热情塑造了基督的身体特别是在强调身体方面的呈现和塑造方面。这将观众的注意力吸引到了被献祭来救赎人类的那一刻或之后的身体之上。如此，这些素描强化了神修派最重要的神学前提：救恩是通过基督的死而慷慨地赐予的，而不是通过圣工赚来的。[18] 米开朗琪罗和维托丽娅·科隆纳之间相互往来的信件、诗歌还有那些素描也是同样的赐予：也就是说，它们是表达爱的供品，不期望得到回报，当然也没有那种艺术家和赞助人之间通常会有的关系。

米开朗琪罗在十字架上展现活着的基督的这一决定强调了基督本身的人性，并引发了观众和基督之间的共鸣。基督向上望去，似乎是在祈求父神。米开朗琪罗的两位传记作家对基督所说之话做了不同的设想。康迪维认为他说的是："我的上帝，我的上帝，你为什么离弃我？"（《马太福音》27：45；《马可福音》15：34）相反，瓦萨里认为他生命最后时刻说的话应该是："父啊，我将我的灵交到你的书中。"（《路加福音》23：44）不管怎样，重点都在基督的动作上——而不是像对待圣物一样默想他的尸体。维托丽娅·科隆纳自己似乎没有特别注意基督可能说的话。可能是受米开朗琪罗素描启发所创作的两首诗只提到了借由基督之死带给我们的智慧、爱、和平与恩典。

在《圣殇》中，基督的姿势和圣母举起的手臂之间明显的一致性表明她认同基督的苦难。维托丽娅·科隆纳在她的著作（*Pianto...sopra la passione di Cristo*）中展现了这种情感共鸣，这部作品首次出版于 1556 年（尽管它写于 1539 年到 1541 年）。[19] 这是一部对耶稣受难的一种强烈的、个人化的想象，充满了情感，并用生动的语言写成。在文本的大部分段落中，科隆纳似乎是在为圣母说话，想象着当她注视着自己儿子那受尽折磨的身体却还要承认他的死是为了全人类的利益时所经受的痛苦。然而，虽然米开朗琪罗为这些想法赋予了视觉形式，但却没有在《耶稣受难》中以强调血迹和伤口的方式来表现，在《圣殇》中也没有用圣母的眼泪。科隆纳本人似乎更喜欢情感丰富的画面——她确实非常欣赏提香（Titian）于 1531 年为她画的哭泣的抹大拉。[20] 有多种方法可以解释米开朗琪罗对这些场景的描绘。即使在他早期的宗教作品中，他也不愿意展示扭曲的神圣身体，而一些改革者，如吉罗拉莫·萨沃纳罗拉（Girolamo Savonarola，米开朗琪罗年轻时听说过他而且很钦佩他）也反对过分情绪化地表现虔诚；米开朗琪罗似乎认为这样的形象软弱无力，过于女性化。[21] 基督所受的折磨还有圣母悲伤的迹象只是很微妙地表现出来的，也许这是为了鼓励观众能发自内心地想象这一切。

米开朗琪罗为维托丽娅·科隆纳设计的第三幅作品是《基督和撒玛利亚妇人》（*Christ and the Samaritan Woman*）；这件作品在一封写于1542年或1543年7月的信中被提到过。科隆纳已经离开了这座城市，她希望当她回来时能够在米开朗琪罗的灵魂中看到一个由真正的信仰而生的全新的基督形象，就像他描绘科隆纳是“我的撒玛利亚妇人”那样描绘他自己。对于科隆纳来说，这幅素描不仅是一个美好的物品或圣经故事的一幅图解；莫不如说它是对在世的基督的内心视像的创造。这一创作构思只有通过尼古拉斯（Nicolas Beatrizet）的版画（图55）才为人所知，它与《耶稣受难》或《圣殇》都非常不同，因为它是一个叙事性的场景，描绘了基督传道工作的一个瞬间，即基督向一名妇女显露自己的神性，而这位妇女不仅在道德上有问题，还是来自希伯来人认为受到诅咒的民族。当然，维托丽娅·科隆纳并不像那位妇女，但是那位妇女对恩典的接受以及她在传播基督信息时所扮演的角色使科隆纳产生了共鸣。这一构思来自米开朗琪罗在1531年为科隆纳创作的另一件作品，即《禁止触摸》（*Noli me tangere*）。米开朗琪罗当时并不认识科隆纳，创作委托是通过中间人进行协商的。那件作品展示的是抹大拉的玛丽亚——对科隆纳来说

图 55　尼古拉斯 《基督与撒玛利亚妇人》（*Christ and Samaritan Woman*），创作于 1550 年，版画

是另一个强大的女性模范——画中玛丽亚的姿势与那幅《基督和撒玛利亚妇人》中的妇女一样，而且描绘的也是与基督相遇的一瞬间。这种与早期委托作品以及科隆纳诗中发现的若干暗示之间的联系说明，那幅撒玛利亚妇人的画作很有可能是在她自己的要求下创作的，而且她可能还对一些具体的细节提出了建议。

正如《约翰福音》第四章所述，妇人在井边遇到了基督，而基督向这位妇人要水喝。这位妇人有所犹豫，因为她知道撒玛利亚人可能不会与犹太人分享食物和水，此时，耶稣告诉她，她应该向耶稣求“活水”。这不是能用桶从井里（他们的手指向的焦点）打上来的水，而是一种精神上的水，可以缓解人们内心的饥渴。这最后一点的视觉表达是通过让基督指着自己的心脏完成的；在《禁止触摸》这幅画中也有类似的手势，表达了这样的一种观点，即抹大拉的玛丽亚必须在她心中形成基督的形象。[23] 这个故事包含了许多神修派喜欢的观点：恩典是免费供给的，对罪行的忏悔并不是接受恩典的必要条件，无须通过神职人员作为中介也可能直接理解基督的信息。这些想法都很危险，而且在接下来的几年里将导致科隆纳圈子里的一些人被指控为异端，尽管科隆纳和米开朗琪罗都逃脱了这样的指控。

所有为维托丽娅·科隆纳创作的作品，和为托马索·卡瓦列里创作的一样，在创作出来后不久就被复制了。起初，只有一些为科隆纳周围圈子的人创作的小型画作，但很快就出现了版画复制品。版画师和他们的出版商经常会做一些微妙的改变，大概是为了吸引不同类型的买家；最常见的改变就是增加一段祷文或一段经文。这样的一些题注肯定会有助于安抚那些可能会质疑图像隐含意义的观众，但图像本身的确没有什么异端邪说。版画的观众会带着他们自己的期望和想法，而出版商大概也对其中的神学争论漠不关心；版画在商业上的成功说明了一切。[24]

与此同时，在那些年里，从 16 世纪 30 年代初到 40 年代初，米开朗琪罗承接了许多来自个人赞助者的项目。这些项目可不像送给托马索·卡瓦列里和维托丽娅·科隆纳的素描那样个人和私密，但每件作品都体现了与赞助人的特殊关系，而且在某些情况下，还对某一类型的观众有特别的吸引力。值得注意的是，米开朗琪罗在这段时期之初，还在美第奇礼拜堂以及圣洛伦佐图书馆的项目上，而西斯廷礼拜堂中《最后的审判》则从 1534 年到 1541 年这段时间一直占据着他的主要心力，而紧接着又有保禄小堂的壁画项目。一直以来，教皇尤利乌斯二世的墓碑项目就没有解决。在这一时期，为个人赞助者创作的作品通常是由米开朗琪罗构思设计，但却委托给其他画家实际描绘，而雕塑方面则是由助手完成的。

两幅于16世纪30年代被委托的画作展现了裸体女性的性感姿势，尽管这幅画所表现的经典人物，即利达和维纳斯，倾向于在她们的性感上附加一些知性的光芒。这两幅作品都是由男性委托创作的，而且肯定都是放到相对来说私密的环境中观赏的，不过事实证明，这两幅画都没有送到原始的赞助人手里。利达是1529年在费拉拉公爵阿方索（Alfonso d'Este，Duke of Ferrara）的委托下创作的，彼时米开朗琪罗正在拜访他并学习防御工事。从能爬上脚手架去看西斯廷礼拜堂的天顶画时起，阿方索就一直倾慕米开朗琪罗的作品。这幅画的主题显然还没有确定，尽管米开朗琪罗肯定已经知道这幅画将会被安放在阿方索的画廊（Camerino），那里已经有了出自乔瓦尼·贝利尼（Giovanni Bellini）和提香之手的许多香艳的画作。这幅画于1530年秋天完成，但从未交给阿方索。康迪维和瓦萨里都叙述了这样一个故事，即米开朗琪罗拒绝把这幅画交给公爵的代理人，因为这名代理人质疑这幅画的价值。这个故事有一定的真实性，但是这幅画可能是作为外交礼物以获取阿方索对佛罗伦萨的援助，米开朗琪罗之所以拒绝交付是有其他的原因。

尽管米开朗琪罗在创作《利达》这幅画时也考虑到了

画廊里的其他画作，但这幅画在房间里的具体安放方式，甚至是它的最终位置，都还不得而知。其他的画作，包括乔瓦尼·贝利尼的《众神盛宴》（*Feast of the Gods*）和提香的《酒神祭》（*Bacchus and Ariadne*），会沿着三面墙排列，并会小心地将每一幅画中的景观协调起来创造出一个统一的场景。[26] 米开朗琪罗的那些如今只能通过复制品了解的画却很少关注风景。在所有的复制品中，利达本人都主导着整个画面构图，她左臂悬在空中，而长方形的窗帘则呼应着画框的形状。这种织物背景不仅使我们看不到后景的任何景色，而且还带来了一种印象，即我们正在看的是一些应当被隐藏起来的东西。事实上，《利达》比画廊里的其他画作更具色情意味。以天鹅形态出现的丘比特和利达呈现出交媾的动作，同时，仔细放置的尾羽既强调却又隐藏了这一切。观众可以很容易地想象当天鹅羽毛拂拭肌肤时带来的兴奋，尽管爪子似乎离得很近，会有一些危险。

这幅画整体展现出来的情色意味似乎与利达那发达的肌肉很不协调，这一点在科内利斯·博斯（Cornelis Bos）复制的版画中格外明显（图 56），这幅版画可能是这幅完成后的画作最好的纪录了。然而，根据一幅有关利达头部的红色粉笔习作、瓦萨里对草图的描述（“画得好像她在呼吸一样”），还有一些复制品来看，米开朗琪罗当时为公

图 56　科内利斯 · 博斯（复制米开朗琪罗）利达与天鹅，最晚复制时间为 1530—1550 年，版画

爵创作的是一个更加柔和也更加传统的女性形象。无论这幅画是否打算放在那间画廊里，米开朗琪罗都很可能是想要用它来回应在那里看到的画作，特别是对提香的女性情色意象的回应，米开朗琪罗认为提香所描绘的是那么缥缈而且也缺乏设计感。利达的姿势有明显的扭曲，她的左臂和右腿缠绕在天鹅身上，把它抱在了怀里。她的身体结构明显是以男性形象为原型，相比于提香的《酒神祭》中的斜靠着的裸体女性来说，轮廓更加清晰分明。在复制品中

我们会发现，在许多细节上，米开朗琪罗的作品都与提香的作品有某种一致性：利达那精致的发型和她所倚靠被单上精致的褶皱都可与提香描绘的女性那自由垂散下来的头发以及充满质感的织物相对比。即使在博斯的版画中，织物柔滑的白色也与利达身后更沉重且颜色更暗的窗帘形成对比。

这幅画在同时代人中引起了相当的轰动。米开朗琪罗并没有将这幅画交付给费拉拉公爵，而是把它连同草图和其他一些素描和模型都给了助手安东尼奥·米尼（Antonio Mini）去出售。米尼将这些带到了法国，在那里他发现，对这幅画的复制品需求如此旺盛，以至于他带来的那点儿东西没法满足大家。米尼最终把这幅画卖给了国王弗兰西斯一世（King Francis I），成为枫丹白露宫的珍藏。不幸的是，这幅画所表现的情色意味也成了祸根；17 世纪时，很有可能是在法国王后、奥地利的安娜的命令下，这副画被烧烧毁了。[27]

《利达》不是那些年里米开朗琪罗创作的唯一的异性恋情色作品。大约在 1532 年，他还为他的好友巴尔托洛梅奥·贝蒂尼（Bartolommeo Bettini）设计构思了《维纳斯和丘比特》（*Venus and Cupid*）（图 57）。和一年前设计的《禁止触摸》一样，这幅画也是由蓬托尔莫（Pontormo）根据

图 57　蓬托尔莫　《维纳斯和丘比特》（*Venus and Cupid*），创作于 1532 年，木版油画

米开朗琪罗的草图执行完成的。尽管《维纳斯和丘比特》和《利达》有某些相似之处——事实上，后来的临摹者也把它们配成一对——但为贝蒂尼创作的这幅画包含了许多额外的元素，这些元素证实了这幅画是要在诗歌的背景下进行解读的。[28] 贝蒂尼是一名商人，出身贵族家庭，不过他家庭的地位在 16 世纪就已经减弱了。他渴望重新获得声望并想要与佛罗伦萨文学圈的重要人物建立联系；他对诗歌的热爱和支持在同侪中也是众所周知的。[29] 正如瓦萨里

在他为蓬托尔莫撰写的传记中记录的那样，这幅画将挂在贝蒂尼的房间里，很有可能是一间卧室，但也有可能是书房一类的地方，因为在那里可以将珍贵的东西展示给来访者。《维纳斯和丘比特》原本会挂在布龙齐诺（Bronzino）创作的三位伟大的托斯卡纳诗人但丁、彼特拉克和薄伽丘的半身肖像画之间。这幅画的左缘有一个盒子，里面有一小幅画，画中看起来已经死掉的男人也以强烈的前缩透视来表现。盒子上有一只插着花的花瓶，而丘比特的弓和两个面具则在花瓶脚下挂着。大约完成于同一时期的素描《人类生活的梦想》中也有一个类似的盒子，里面装满了面具，而且这两幅画似乎都描述了骄傲或爱的徒劳妄想。但是在《维纳斯和丘比特》中，有许多对奥维德《变形记》第五卷中描述的维纳斯和阿多尼斯神话的直接引用。故事是这样的，丘比特亲吻了自己的母亲维纳斯，同时他的箭却无意中刮伤了维纳斯，使她爱上了凡人阿多尼斯。阿多尼斯被一只野猪杀死后，维纳斯悲痛欲绝，她在阿多尼斯的坟前哭泣时，白玫瑰变成了红色。米开朗琪罗的设计构思并不是对这一故事的精确描述，而是暗示了其中的许多元素，细节部分就需要观众来补全。例如，奥维德说维纳斯胸部有伤；而在画中，丘比特箭上的箭头似乎刮到的是维纳斯的大腿，但她指着自己的胸部来暗示完整的动作。

和《利达》一样，《维纳斯和丘比特》从来没有安放在一开始计划的地点。贝蒂尼是佛罗伦萨共和国复兴期间（1527—1530年）的坚定支持者。美第奇家族随后在不受欢迎的亚历山德罗·德·美第奇公爵（Duke Alessandro de' Medici）的领导下重掌大权，但在这座城市里也持续存在对其统治的反对和抵抗。在美第奇家族和共和国支持者之间的斗争中，《维纳斯和丘比特》就成了双方斗争的首个焦点。据瓦萨里说，到了1534年，这幅画“几乎强行”被亚历山德罗·德·美第奇拿走；而米开朗琪罗也差不多在这个时候离开佛罗伦萨前往罗马久居。贝蒂尼只剩下草稿了。

没有理由认为这幅画的新主人特别重视它与诗歌的联系。这幅画一直保存在美第奇家族的藏品中，列在公爵科西莫一世的财产清册上，清册上描述这幅画有一个绿色的丝绸幕帘——这个幕帘很可能挂在这幅画前以遮挡观众的视线，只有当公爵决定揭幕时才会被拉开。[30] 这是展示情色作品的一种常见方式。贝内代托·瓦尔基（Benedetto Varchi）也强调了这幅画的情色意味。在他的著作（*Due lezioni*）的一个章节中，他举例说明了希腊艺术是多么逼真，男人们竟然爱上了普拉克西特列斯（Praxiteles）雕刻的尼达斯的阿弗罗狄蒂（Aphrodite of Cnidus）。他还补充说：“而今天，由米开朗琪罗设计并由蓬托尔莫绘制的《维纳斯》也有同样的效果。”[31] 观众们不需要特地去观看美第奇家族的藏品；他们很可能会对这幅画的许多复制品或仍然由贝蒂尼持有的草图做出反应。

《维纳斯和丘比特》可能被认为是美第奇家族和佛罗伦萨共和国支持者之间持续斗争的战利品。一件更具政治意味的作品，即《布鲁特斯》(*Brutus*)(图 58)是由多纳托·詹诺蒂(Donato Giannotti)以枢机主教尼科洛·里多尔菲(Niccolò Ridolfi)的名义委托创作的，后者是罗马被放逐的反美第奇家族的佛罗伦萨团体的领袖，即流亡者(*fuorusciti*)。詹诺蒂曾在佛罗伦萨共和国的主教办公室担任书记，并在罗马担任里多尔菲的秘书。当公爵亚历山德罗被他自己的堂兄洛伦齐诺·德·美第奇(Lorenzino de' Medici)谋杀时，詹诺蒂、里多尔菲和他们的佛罗伦萨流亡者同伴都特别地受到鼓舞。洛伦奇诺被流亡者奉为英雄——他杀死了一位暴君，就像布鲁特斯为了维护罗马共和国而谋杀尤利乌斯·恺撒一样。佛罗伦萨人为洛伦奇诺树立了一尊雕像，并为他的荣誉写了古典诗歌；他们称他是“新一代的托斯卡纳的布鲁特斯”。洛伦奇诺自己也将亚历山德罗同诸如卡里古拉(Caligula)和尼禄(Nero)这样的暴君相提并论，并以此为自己的行为辩护。他还铸造了一枚纪念章来纪念这次谋杀，这枚纪念章模仿了布鲁特斯

图 58　《布鲁特斯》（*Brutus*），创作于 1540—1542 年，材质为大理石

的一枚硬币。

米开朗琪罗和詹诺蒂之间之所以能有联系，一方面是因为他对佛罗伦萨人的高尚事业的同情，另一方面则是因为二人都对但丁感兴趣。大约 1545 年，詹诺蒂写了一篇关于但丁在《神曲》中的地狱和炼狱中度过的数天的对话；米开朗琪罗是其中的主要对话者之一。在文章的最后，讨论转向了布鲁特斯和卡西乌斯（Cassius），因为他们对恺撒的政治谋杀，但丁借撒旦之口将这二人置于地狱的最底层。相反，詹诺蒂则希望他们能上天堂，因为他们那么做是在捍卫自由。在对话中，米开朗琪罗被要求为但丁的选择辩护，但他的辩护是软弱无力的。要同时为但丁的绝对正确和布鲁特斯的英雄主义辩护是不可能的，而米开朗琪罗所说的话可能只是詹诺蒂想法的陪衬。

米开朗琪罗的雕塑几乎不会让人质疑布鲁特斯会被当成英雄。由于这座雕像的背面没有加工，很显然它是要安放在壁龛里或是倚靠着墙面的，而且只能看到布鲁特斯的侧脸，就像罗马钱币上的头像那样。[33] 这样的一枚钱币也是布鲁特斯肩膀上搭扣的原型，这枚搭扣展示了他的一个不那么理想的肖像。当他面对谋杀尤利乌斯·恺撒的任务时所表现出来的决心通过他那紧绷的下巴、紧抿的嘴唇和紧皱的眉头表现出来。

《布鲁特斯》从未被交付给枢机主教里多尔菲，后者于1550年去世。实际上，大约在1555年之前，这件作品一直保存在米开朗琪罗的工作室，之后便给了蒂贝里奥·卡尔卡尼（Tiberio Calcagni）去完成。卡尔卡尼对布鲁特斯身上打褶的织物做了最后的抛光修饰，但头发和脸庞部分还是很粗糙。这件作品也被美第奇家族获得，这次不是靠武力，而是在大约1580年公国稳固建立之后才获得的。尽管如此，新主人还是添加了一块匾额，明确地解释了这一意象与这个家族是相配的。据说，这尊半身像之所以没有完成，是因为米开朗琪罗意识到布鲁特斯实际上犯了重罪。[34]

米开朗琪罗在晚年否认自己是流亡者团体的一员。这一立场的转变可能是为了减少他的侄子利奥纳尔多（Lionardo）所面临的风险，彼时他还在佛罗伦萨。米开朗琪罗和美第奇家族的政治关系总是很矛盾的。他不可能不记得一些最支持他的赞助人都来自美第奇家族，包括伟大的洛伦佐和教皇克雷芒七世，但他也在保卫佛罗伦萨、反对美第奇家族的斗争中发挥了关键作用。1530年左右，就在美第奇家族重新占领这座城市后，米开朗琪罗同意为巴尔托洛梅奥·瓦洛里（Bartolomeo Valori）雕刻一尊阿波罗塑像。瓦洛里在这座城市投降后被任命为佛罗伦萨的教皇总督，并以此身份围捕了共和国的支持者并监禁了他们。米开朗琪罗肯定担心自己的安全，而他之所以承接雕刻塑像的任务，显然是要安抚瓦洛里。他也许是对一尊雕塑进行了改造，这尊雕塑最初的目的肯定与此截然不同（雕像基座上一些未抛光的原料使得一些学者认为这尊雕像一开始是大卫像），而当瓦洛里到了意大利北部接受了新的任命时，米开朗琪罗就放弃了这件作品。[35] 即使米开朗琪罗（像同时代的许多艺术家那样）表现出他会按照赞助人对作品的要求创作，无论他们的政治信仰如何，但瓦洛里自己就是一个机会主义者，而且在政治上也反复无常。后来他成了美第奇家族的敌人，并在蒙特穆洛战役中被捕获，于1537 年被斩首。

第 7 章

视觉与空间：米开朗琪罗的罗马建筑

谈论米开朗琪罗建筑的“观赏者”是有意义的吗？毕竟，建筑是在空间层面和身体层面被感受到的。一个人不会仅是看着一座建筑，他还会在其中穿行——爬上楼梯、触摸墙壁、在密闭的空间内感到很局促，或在开阔的空间中感到很舒服。然而，米开朗琪罗最早的建筑设计似乎更倾向于通过视觉来观赏，而不是其他感官。佛罗伦萨大教堂穹顶的鼓形座设计就展示了视觉效果对米开朗琪罗而言有多重要。鼓形座和穹顶之间的第一段过渡元素是由巴乔·达尼奥洛（Baccio d’Agnolo）设计的，并于 1515 年完成。米开朗琪罗称赞这种精致的像篱笆一样的结构是“蟋蟀的笼子”；在穹顶的东南面我们依旧能看到这一设计。从素描中我们可以重现米开朗琪罗自己的设计，这一设计体现了更大的规模意识，不仅覆盖了布鲁内莱斯基（Brunelleschi）未完成的空间，而且还承载了新的空间，这空间面朝穹顶顶点圆孔下的檐板（cornice），老式绿白色大理石镶板本可被更大的清透的汉白玉所替代，而每一个角落会由双科林斯式的（Corinthian）壁柱加以强调。[1]

视觉效果在圣洛伦佐的项目中非常重要（正如在第四章讨论过的）。在圣洛伦佐图书馆，一个愿景引向了一堵空白的墙上；添加的一些透视和建筑元素的诸多效果提供了视觉的而非物理的支撑。然而，圣洛伦佐图书馆和美第奇礼拜堂都允许米开朗琪罗创造一些内部空间，这些空间将会在生理和心理上挑战游览者。即使是他为美第奇家族项目所做的一些小的设计，如美第奇宫地面凉廊的窗户，就创造出了一种既能被感受到又能被看到的体验。巨大的拱形凉廊是这一最初赞助人老科西莫开明的重要象征，普通的佛罗伦萨人曾经会在这里经商、售卖并结识朋友。[2] 1526年之前的某个时候，米开朗琪罗被邀请去堵住这些开放的空间并设计一些窗户，这些窗户上都会加上铁栅栏并用大型的托臂装饰（图 59）。[3] 托臂的凸起形式启发了瓦萨里，他把这些称为“跪着的窗户”（kneeling windows）。无论是从拟人的角度来看（就像后来很多批评人士批评的那样），还是仅作为佛罗伦萨建筑中的元素变化，这些窗户肯定都切实地令过往的行人感到不舒服，即使不是身体上的不适也至少会有一些政治上的表达，因为这些窗户是为了要让

图 59　美第奇宫地面凉廊的窗户（*Palazzo Medici Riccardi*），佛罗伦萨

这座宫殿坚不可摧，而那个时候美第奇家族的统治权威正遭受着越来越多的批评。[4]

可以肯定的是，在圣洛伦佐大教堂和其他地方，结构和材料方面的考虑以及地点的限制都影响了米开朗琪罗的设计。在他为防御工事所做的设计中，弹道学和防御策略就发挥了作用，但只要看一眼为这些项目所画的极好的图纸，就会知道可怕的建筑外观是如何可以用来恐吓敌人的（图 60）。[5] 设想中，这些防御工事就像爪子、钳子或尖刀阵列一般。还有一些设计看上去更温和，甚至是像花一样，但是如果可以设计一种不那么有威胁性的外观，也是隐藏结构真正目的的一种方式。在这些设计上，米开朗琪罗画了一些来自那些隐藏的缝隙中的发射线。

1546 年，小安东尼奥·达·桑加洛（Antonio da Sangallo the Younger）去世之后，建筑就一直是米开朗琪罗职业生涯的重心。桑加洛曾是教皇保罗三世的御用建筑师，也是

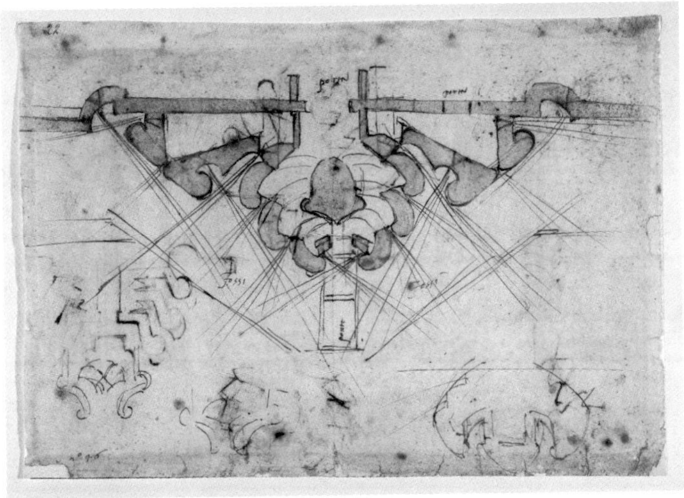

图 60 《防御工事设计图》（*Fortification drawing*），创作于 1528—1529 年，钢笔、棕色墨水

圣彼得大教堂的总建筑师。其中一个由米开朗琪罗接手的项目便是完成法尔内塞宫（Palazzo Farnese，图 61），这座宫殿大约在 1514 年由桑加洛启动，彼时亚历山德罗·法尔内塞（Alessandro Farnese）还是一位枢机主教。[6] 一开始，宫殿的外立面是该项目的重中之重，当法尔内塞在 1534 年当选为教皇时，这座宫殿就变成了一个更重要的视觉象征符号。宫殿本身被扩建了，而且它周围的早期建筑也被清理干净用来建造一个宽敞开放的广场，该广场会有一个宏伟的入口和无限的视野。通往主入口的路（Via dei Baullari）被修得笔直，如此一来，这座宫殿从 Via Papale

图 61　法尔内塞宫（*Palazzo Farnese*），1546 年由米开朗琪罗接手

就能被清楚地看到，这条路是这座城市主要的朝圣仪式的路线之一。

到米开朗琪罗接手的时候，外立面已经建好了三层的窗户，但庭院内立面进展缓慢，才刚刚进展到主要楼层（piano nobile）。米开朗琪罗对这座建筑外观做出的贡献完全符合新任教皇对华丽展示的渴望。他将入口上方的一扇窗户移除，取而代之的是嵌进一个阳台，教皇便可以在此处向民众发表演讲。通过这种方式，他将中央门凸显出来了。他把窗户上方的拱换成了一根扁平的过梁，成为法尔内塞家族巨大纹章的底座。所有窗户侧壁上的半身柱聚集在一起，给这一建筑整体带来了更大的视觉重量。他还增加了最上面一层的高度，并在其顶部安装了大而坚固的飞檐。最后这一元素是至关重要的，而且为了确保无虞，他还制作了一个全尺寸的木制模型并将其安装到相应的位置上来判断视觉效果。桑加洛家族的成员对这一演示实验非常感兴趣，而一些人则抱怨说飞檐不符合古典建筑规则。在一封写给教皇保罗三世的信中，桑加洛的兄弟乔瓦尼·巴蒂斯塔（Giovanni Battista）抱怨道：

> 这个飞檐的设计可没什么品位，这项工作应当根据维特鲁威的建筑规则来完成，而这个飞檐却是以

> 一种粗俗的方式创造出来的……米开朗琪罗建造的飞檐既不是多利安式的（Doric），也不是爱奥尼亚式的（Ionic），也不是科林斯式的（Corinthian）；这根本是一个任性妄为的劣等品。[7]

在信中他还抱怨了飞檐的重量——他担心那会把整个立面压垮。已经安装上的这个飞檐从未有过这样的危险，但上述的抱怨也点出了它的“视觉重量”。可以肯定，正是这个原因，米开朗琪罗坚持要看到模型的效果，并坚持向他的赞助人解释模型的必要性。这座宫殿既宏伟又宽敞；它需要一个巨大的飞檐来调和并使其外观更加完整。

米开朗琪罗采取的这种对建筑的“放肆”风格早在美第奇礼拜堂和圣洛伦佐图书馆前厅的项目上展示过了——事实上，在某种程度上，这种风格在他的每一个建筑设计上都是显而易见的。针对这些佛罗伦萨的项目也有一些批评者，他们的抱怨之词在后来如瓦萨里和博基这些作者的辩护性叙述中有所反映。[8]但美第奇家族的委托项目在佛罗伦萨的街道上不那么引人注目，而佛罗伦萨的建筑通常也不像罗马那样教条化地遵循古典风格。乔瓦尼·巴蒂斯塔会注意到飞檐上面的各种元素组合，包括大量使用的法尔内塞家族的鸢尾花装饰，这一装饰元素肯定很讨赞助人的欢喜。米开朗琪罗的确也使用了一些取材于古典柱式的元素，只不过并非以常规方式或在常规的地点使用：卵锚饰的装饰线条与齿状装饰相结合，而托架的头部则是狮子头装饰，这也是前所未有的。这些创造性的细节对于那些考察这一模型的人来说是很容易看到的，而对于那些训练有素的、能够识别出维特鲁威规则之精要的人来说，即使从远处看，他们也会感到不安。他们会说这些规则之所以发展出来，是因为那些特定的元素和比例会令人赏心悦目。米开朗琪罗也熟知这些规则；他曾参加过维特鲁威研究团，而且就在他刚刚开始接手第一个主要的建筑委托，即圣洛伦佐大教堂的立面项目时，他还通过一系列完成于 1516 年前后的素描模仿了一些古典建筑的细节。但即使在这些自我指导的习作中，米开朗琪罗也从他学习的典范中抽象出形式，并以一种与传统严格分类相悖的方式将它们结合起来。[9]

根据瓦萨里的说法，米开朗琪罗在法尔内塞宫里还曾规划了另一种视觉效果：穿过前门入口，经过近来出土《法尔内塞牛》雕塑群位置附近的喷水池，然后再从后门出去直到横跨台伯河的桥上，游客们就能看见河对岸这个家族的财产。这种效果可在一幅雕刻于 1560 年的庭院风景版画中看到。这幅版画上有一段题词，赞扬了米开朗琪罗的“巧夺天工”。[10] 如果能立刻看到那宏伟的宫殿和法尔内塞家族所拥有的土地范围，那将是一幅令人惊叹的景象，所有这一切都呈现在眼前，仿佛这是一幅由建筑本身所装裱的油画。不幸的是，这一效果并没有实现。只有桥的一小部分被建造出来（这座桥现在宫殿身后横跨了茱莉亚大道），而且还有一堵墙挡住了河对岸的景色。

1546 年，米开朗琪罗被任命为圣彼得大教堂的总建筑师。该项目对他来说无疑是最重要的，但在这个项目中，因为早期和之后一些由其他设计师完成的工作，米开朗琪罗的贡献也是最难被察觉到的。从 15 世纪中期开始就有许多建筑师为这座教堂做设计，而他是第七位；在他之后又有四位建筑师。[11] 直到 17 世纪中期以前的二百多年时间里，圣彼得大教堂周围地区都还只是一片建筑工地。起初，旧教堂的翻修只涉及教堂的后殿，贝尔纳多 · 罗塞利诺（Bernardo Rossellino）就是在那里开始扩建唱诗班席的。虽然它的地基在 1505 年曾是伯拉孟特设计的依据，但其实它从未建设完成。到那时，尤利乌斯二世已经确信，整个教堂都应该被重建，规模应该更大，以此来模仿古罗马的建筑风格。伯拉孟特提出了若干方案，最终敲定了一个中心方案，即在一个基本上是正方形的周界内安装一个四臂等长的希腊十字架。中间将会是一个巨大的圆顶，圆顶的每个角落都会有较小的希腊十字架。到了1511年，支撑圆顶的柱子才用花格镶板连接了起来。从那时到1534年，由于财政困难和罗马之劫，这一工程几乎没什么进展，但之后在保罗三世治下，建筑工作以更有活力的面貌继续展开。安东尼奥·达·桑加洛曾做了一个设计用以完成圣彼得大教堂的建设工作；当米开朗琪罗于1546年接手时，项目还在按照桑加洛的设计进行着。[12]

瓦萨里记录下了米开朗琪罗对桑加洛设计方案的反应：它没有足够的窗户，而且一根圆柱上叠着一根圆柱的这种安排也太多，另外也有太多的凸出物和尖顶了，以至于它的风格更“德意志”（即哥特式），而非古典的或现代的。桑加洛的木制模型如今仍留存于圣彼得大教堂内，它非常巨大：制作这件模型就花了数年时间，耗资4000斯库多（scudi）——相当于80名熟练工人一年的工资总和。米开朗琪罗声称他可以在两周内以25斯库多的价格制作一个新的模型。此外，如果建造教堂能采用他的设计，那么总的花费要比桑加洛的设计少30万斯库多，而且工期也会减少50年。一封米开朗琪罗本人在1546年或1547年写给巴尔托洛梅奥（Bartolommeo Ferratino）的信证实了瓦萨里所记录的批评属实，而且还补充了一些细节。桑加洛计划的建筑规模会成为其他梵蒂冈建筑的灾难——甚至可能包括西斯廷礼拜堂，而米开朗琪罗自己就有兴趣保护这些建筑。最令人不悦的则是桑加洛计划在北面、西面和南面的后殿附近建造回廊。当米开朗琪罗写这封信时，回廊的墙已经砌起来了，移除它们的成本会很高，但从长远来看，米开朗琪罗设想的更小规模的设计方案将会节省更多。这不仅关乎节省教皇的钱；这中间还有其他重要的考虑。米开朗琪罗接手这个项目的时候，教会仍在遭受新教改革者的攻击，而且批评之词集中在指责教会从虔诚的信徒身上榨取钱财以修建圣彼得大教堂。与此同时，这座城市也还在从 1527 年灾难性的罗马之劫中慢慢恢复。对一些观众来说，这座尚未完工的巨大建筑令人想起了罗马的古代废墟，但对其他人来说，这也可能意味着需要重新建立教会的完整性。[13]

这封信表明，米开朗琪罗想要回到伯拉孟特的设计，后者的设计“不像桑加洛那样混乱，而是更加清晰、开放，同时也很明亮和孤立”。的确，对于米开朗琪罗自己的设计，没有比这更好的描述了。中殿和外立面是后来才加上的，而米开朗琪罗想法的最佳呈现则是一幅版画平面图，这幅图是由爱提纳·杜佩拉（Étienne Dupérac）雕刻制作并于 1569 年发表的（图 62）；杜佩拉的外视图（图 63）和内视图都没标注日期，但它们可能是同时发表的。[14] 与伯拉孟特的设计相比，米开朗琪罗的设计更加简约，也更稳固。他简化了内部空间并使其更开阔，也使得规划中的希腊十字架占据了中心位置。每个角上较小的十字架都被去掉了，作为替代，拱顶结构形成的一个正方形叠加在了大希腊十字之上。从某种意义上说，这个正方形充当了桑

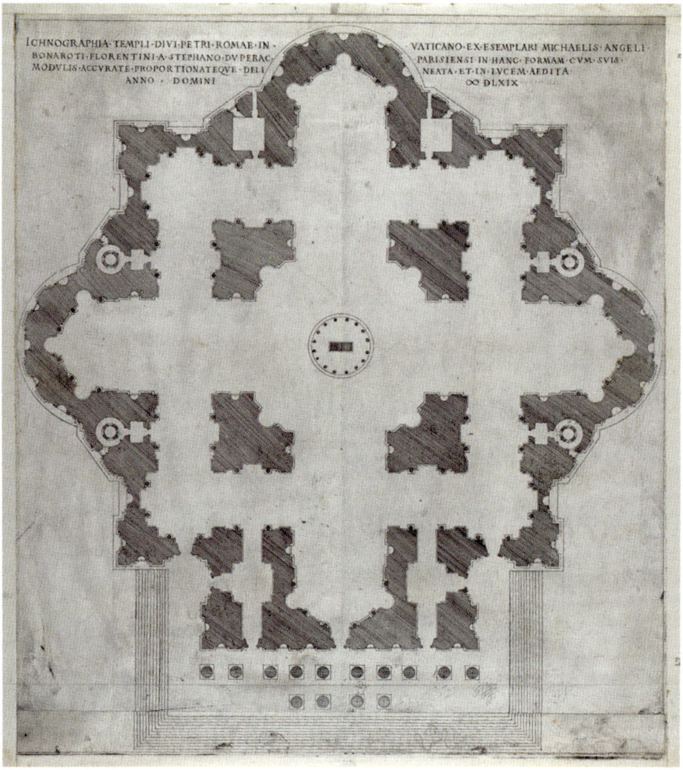

图 62　爱提纳 · 杜佩拉圣彼得大教堂设计图（内视）

图 63 爱提纳 · 杜佩拉圣彼得大教堂外视图

加洛回廊的替代品，但其规模更大，营造了更强的开阔感，并让游览者能更自由地走动。这座教堂建筑无疑是非常集中的，这与一个世纪前莱昂 · 巴蒂斯塔 · 阿尔贝蒂（Leon Battista Alberti）提出的文艺复兴理念是一致的。阿尔贝蒂说神圣之物应当以简单的几何形式展示出来。[15] 当米开朗琪罗说他欣赏伯拉孟特设计的“孤立”特性时，他甚至可能引用的就是阿尔贝蒂说过的话，因为阿尔贝蒂认为完美的教堂应当是崇高的，而且应当位于一个开阔的广场之中，如此人们才可以从四面八方看到它，还能让教堂远离日常的纷扰。[16] 米开朗琪罗显然无视了反对中心式教堂设计的一些中肯的意见：这种设计规划不像有长长的中殿的教堂那样适合礼拜仪式，容纳的人也更少。其他为圣彼得大教堂提出设计方案的建筑师，包括伯拉孟特自己，也曾考虑要加上中殿，在 16 世纪后期，米开朗琪罗的设计中的确增加了一个中殿。

自 16 世纪以来，圣彼得大教堂内部已经发生了很大的变化，甚至连米开朗琪罗的设计也只能在很少的几处地方被清楚地看到，例如南面和北面的半圆形后殿，尽管如此，这些也已经被修改过了。亨利 · A. 米隆（Henry A. Millon）和克雷格 · 休 · 史密斯（Craig Hugh Smyth）仔细研究了文档和视觉证据，结果显示，教堂内部本应比现在看上去更加朴素，所有的点缀装饰都用的石灰华，从精确雕刻和分层的形式中能看出微妙的变化。[17] 即使在今天，观众不断变换的位置也会影响壁柱、墙壁和窗户之间的相互关系。有时候，一些元素原本看上去是一个完整的结构，但若从另一个不同的视角来看，它们又会相互分离。半圆壁龛上方的拱顶结构似乎在尽头处向上翻腾，但其实这也是一种幻觉。向上运动的感觉是由装饰墙面的巨大壁柱所营造和强调的，教堂外的穹顶也重复了这一设计。

米开朗琪罗特别注意到了圣彼得大教堂内部的光线，

光线不足也是他在桑加洛模型中发现的主要缺陷之一。在米开朗琪罗的设计中，大部分光线会从屋顶层的窗户照射进来，但这种设计可能早在杜佩拉制作版画时就已经被改变了。温琴佐·卢基诺（Vincenzo Luchino）1564年出版的一幅版画显示，这些窗户位于拱形凹槽内，这些凹槽将光线集中到一起并导入建筑内。当瓦萨里在1568年正撰写《艺术家生平》的第二版时，他还能看到南面后殿内的效果，将其描述为“因光而富有生气”。在穹顶鼓形座上可以看到更加戏剧性的效果（图64）。这些窗户的构造使它们的内侧比外侧更低；所有进入的光线都被向下分流到圣彼得大教堂墓碑上方的主祭坛上了。这就是一个光之晕轮的效果，而穹顶本身则浮在这一晕轮之上。米开朗琪罗在伯拉孟特的设计中看到并赞赏的明亮特质在这里变成了努力达成的愿景。

米开朗琪罗的设计紧凑而简洁，这些特质也反映在建筑的外观上，他避免使用任何尖顶结构，而且也没有钟塔。不仅桑加洛想要这样的传统的教会标志，1506年铸造的纪念章也显示，伯拉孟特也计划在里面的一角建造一座高高的钟楼。桑加洛用钟楼想要构造出祈祷仪式用的凉廊，教皇可以从那里向民众发表演讲。米开朗琪罗去除了钟楼，作为替代，他把标志着圣彼得陵寝的穹顶作为整座建筑最

图 64　圣彼得大教堂的穹顶

高的元素。显然，他的设计根本没将祈祷仪式用的凉廊考虑在内。他可能也没有设计过杜佩拉版画里的古典门廊——米开朗琪罗的作品中没有任何一幅有这种类型的外观。

对他来说重要的就是圆顶。伯拉孟特在他 1505 年的计划中就确立了这一元素，到 1511 年，圆顶的支撑结构就构建完毕了。即使在伯拉孟特的时代，这些支撑结构是否足够支撑这一圆顶也是一个困扰着建筑师们的问题，而米开朗琪罗在他的设计中再次加强了这些结构。米开朗琪罗的圆顶设计在杜佩拉的版画中得到了最好的呈现（图 63）。尽管出于结构上的原因，他曾考虑过更尖的轮廓外形，但最终还是选择了半球形的形状。这个形状使人想起罗马的万神殿，那是这座城市里最大的圆顶，圣彼得大教堂的圆顶显然要与其一决高下。圣彼得大教堂圆顶的内部直径比万神殿的略小，但它的高度要更高——它将是罗马最高的圆顶，从城市的各个角落都能看得见。它将为远道而来的朝圣者指明方向，并象征性地宣告教会便是罗马帝国的继任者。米开朗琪罗没能看到它的圆顶设计实现；1590 年，在米开朗琪罗去世 25 年后，在贾科莫·德拉波尔塔（Giacomo della Porta）的指导下，这一圆顶最终的轮廓才变得更尖。

在米开朗琪罗接手的公共建筑项目中，没有哪一个比卡比托利欧广场（Capitoline Plaza）的项目更关注视觉效果了。[18] 卡比托利欧山（Capitoline Hill）是古罗马的一个圣地，它在悬崖之上，俯瞰着罗马公共广场的西端。在中世纪早期，它是一处要塞。到了 12 世纪，这座城市的世俗政府在那里驻留。在随后的一个世纪，元老宫（Palazzo del Senatore）开始兴建，15 世纪又兴建了保守宫（Palazzo dei Conservatori）。这些宫殿和中世纪的天堂圣母堂（Santa Maria in Ara Coeli）之间的土地极不平坦，也没有铺路，非常杂乱无序。这一地区特别糟糕的样子可以在 16 世纪中期马尔滕·范海姆斯凯克（Maarten van Heemskerc）等人的知名画作中看到。尽管没有什么规划，但卡比托利欧广场也被用于举行重要的仪式，而且有时还会做一些临时的装饰来恰当地营造一个令人印象深刻的环境。1535 年 12 月，为了迎接神圣罗马帝国皇帝查理五世，人们为此处做了若干设计，尽管这些设计都没有完成，当时进城的队伍也只在山脚下绕行。

这种尴尬可能第一次让人们想要努力改善此处的环境，但直到 1537 年，市政府才拨款改造保守宫及周边地区。大约在同一时间，教皇保罗三世下令将骑马的马可·奥勒留雕像从拉特兰宫（Lateran）移到两座宫殿前面的空地上。米开朗琪罗被委托要为这座雕像创作一个基座，该雕像于

图 65　爱提纳 · 杜佩拉，卡比托利欧广场

1529 年在那里矗立起来。保守宫的改建计划差不多也是在这个时候开始的，但整体设计却是花了几十年时间才慢慢成形的。

爱提纳 · 杜佩拉 1569 年的版画（图 65）捕捉到了许多米开朗琪罗对卡比托利欧广场的想法，这些想法都产生于贾科莫 · 德拉波尔塔（Giacomo della Porta）干预这一项目之前，后者在米开朗琪罗死后接手了这一项目。这是一个理想化的视角，因为人们得悬停在半空中才能看到这一精确的视图，但它也集中关注了观众的体验——只展示了建筑的外立面。广场上视觉统一的效果的营造方式是双侧对称——轴的两侧部分大致相同，就像人体所表现出的对称性那样。米开朗琪罗建筑理论的最清晰表述其实就是这个理念。[19]

米开朗琪罗通过创造一个强大的轴线来让整个场地变得更有规则，这条轴线穿过马可·奥勒留的雕塑，并终结于元老宫的主入口。元老宫最初的外观各组成部分并不对称，右侧有一个楼梯，而左侧则是一个钟楼。米开朗琪罗重新设计了外立面，使其成了整个计划完全平衡的顶点。钟楼被放置在了中心的位置，窗框也变得更加古典，而新的双侧楼梯的设计也唤起了人们对主入口的注意。在轴线的另一侧，米开朗琪罗在保守宫前新加盖了一个立面并在其对面设计了一个全新的宫殿，并由此创造了对称。这座新宫（Palazzo Nuovo）没有什么实际的用途——它基本上就只有一个立面，尽管也规划了房间以与保守宫的房间相配。整个效果就像舞台布景设计，而且从很多方面来说，它也确实让人想起了那个时期出版的理想的布景设计。[20]这些建筑为广场上举行的从国王登基到嘉年华的各种仪式和公共活动提供了丰富的背景。

在建筑细节上，米开朗琪罗为建筑和这一空间的多重功能赋予了视觉形式。[21]元老宫是审判场所，在那里会举行高级法庭审判并执行死刑。过去，元老院的议员是这座城市的首席司法官员，他们来自外地以确保公正；到了16世纪，这个职位就是由教皇任命的了。[22]卡比托利欧广场的整个规划在元老宫达到高潮，元老宫要比其他建筑都高，不仅钟楼大大高出主入口，而且整个建筑的主体部分也被放在了一个较高的地基水平上，对称的坡道楼梯则创造了一个视觉焦点。护民官是罗马人民选出的代表，他们经常参与商业事务和行会的管理，这些行会一直以来都占据着宫殿长廊的空间。保守宫整体上比元老宫更低，但即使在这座建筑的外立面上也设置了层级结构。米开朗琪罗设计的立面保留了下面开放的长廊，还装饰着精细的爱奥尼亚式圆柱，圆柱上面还有怪异的萨提尔面孔（图66）。皮革形式的螺旋形花样很可能暗示着屠夫行会以及公牛的重要性——在城市庆典之前，公牛会在卡比托利欧广场的空地上展示。这些有着大众活动意味的圆柱被横跨两侧的巨大且更传统的科林斯式壁柱所抑制。它们强调了保民官的地位，这些官员会在凉廊上方的房间里会面。这些官员们喜欢强调自己与古罗马的联系。在内视图上，新立面毁掉了原来的屋顶下阁楼，为保民官的议事大厅留出了一个更高、更大的空间，并以古希腊罗马的风格来结合成一体。[23]

杜佩拉的版画所展示的视图的完成度，要远比米开朗琪罗在世时这些建筑本身的完成度更高。事实上，这些版画的出版可以看作完成这一项目的新的努力的一部分，该项目自 16 世 40 年代后期以来进展甚微。元老宫的楼梯于 1552 年完工；几年后主入口的建设也开始了，但在杜佩拉的版画出版之时还没完成。立面本身在 16 世纪 80 年代仍在建造中。保守宫的立面于 1563 年——米开朗琪罗去世前一年动工，但直到 1586 年才完工。作为保守宫镜像的新宫直到 17 世纪早期才开始建造。杜佩拉版画上的题词肯定了

图 66 保守宫圆柱（*Capitols fromthe Palazzo dei Conservafori*）

建筑的整体构思是属于米开朗琪罗的，尽管米开朗琪罗本人很可能也会在项目进展过程中做出调整。

在其生命的最后 20 年里，米开朗琪罗还参与了许多其他的建筑项目。[24] 有些是他提供了图纸或者模型；另外一些他只是提了一些建议。有些项目实现了，但和其他项目一样，后来的一些修改改变了他可能想要的效果。如果我们考虑到米开朗琪罗作品的观众，那么他设计的最后一个建筑项目就有了特殊的意义。庇亚门（Porta Pia）（图 67）

图 67　庇亚门（*Porta Pia*），1561—1564 年

是由美第奇家族米兰家系的一员、教皇庇护四世于 1561 年委托给他设计的。这位教皇想要在罗马城墙外建造一条宽阔、宏伟的大道，从奎里纳勒山（Quirinale hill）一直延伸到圣埃格尼斯大教堂（Sant’Agnese）。[25] 建造这条新大道破坏了整个街区，而且还不得不破坏城墙建造新的大门。米开朗琪罗设计的大门在面对城市的一侧。

米开朗琪罗向教皇提交了三份设计来征求他的意见。瓦萨里说这些设计“非常美丽和奢侈”，而且尽管现在留存下来的图纸可能和当年的并不相同，但这一描述也同样适用（图 68）。它们表明，尽管米开朗琪罗当时已经 85 岁高龄，但他的创造力丝毫未减，而且他对古典元素的运用仍然是非正统的。在这些图纸中，我们会看到在一个持续的创作过程中，那些取自他早期作品和古典传统的各种图案花纹被不断地组合、挑选、否定以及重组，这一过程只有当为教皇绘制的展示图完成后才停止。和今天我们看到的一样，大门呈现了对比鲜明的岩石纹理层次，从粗犷的内开口到支撑着不完整的、弯曲的山墙的有凹槽的精致壁柱，都是如此。山墙上紧密缠绕的螺旋形图案与下面的扁平螺旋图案相呼应。那些窗户，无论是假的还是真的，都与整个表面相得益彰，而大门的上缘顶端则有着简洁的凸出物，令人想起了更多在防御工事中会发现的锯齿状物。（大门最

图 68 《庇亚门的图纸》（*Study for the Peta Pic*），创作于 1560 年

上面的部分是 19 世纪加盖的；这可能并不是米开朗琪罗的设计。）米开朗琪罗从来没有被古典的建筑规则所束缚过，但他在这个项目上展现出的自由可能反映了一个事实，那就是这扇大门位于道路的尽头，而这条道路两旁都是城郊别墅，这些别墅各自都有非常精致的大门。由于是开向自然区域，所以这些城郊别墅的大门会更加奔放。它们同时会向观众展示好客的一面和具有威胁性的一面。[26] 它们是进入其他世界的通道，在那里，游客会体验到与他们所来自的城市世界相比更美丽、更狂野或更神秘的东西。

第 8 章
最后的作品

米开朗琪罗在将近 90 岁高龄时依旧在设计建筑，但他在 1549 年就已经停止了壁画的创作，雕塑创作也搁置了一段时间。《布鲁图斯》大概是在 1540 年左右完成的；为教皇尤利乌斯二世墓碑创作的《利娅和拉结》到 1545 年也完成了。而尤利乌斯墓碑项目的其他雕塑以及美第奇礼拜堂的项目则是委托其他人完成的。16 世纪 40 年代晚期，米开朗琪罗确信自己将不久于人世，于是他拿起了自己的凿子。在为枢机主教和教皇的墓碑工作了这么多年之后，他现在开始要制作自己的墓碑了。

佛罗伦萨的《圣殇》（图 69）大约是在 1549 年开始创作的。[1] 瓦萨里在次年出版的第一版《艺术家生平》中简要地描述了这一四人群像雕塑。他将其称为“放下”（Deposition），这也许更准确地描述了这一场景。基督已经被人从十字架上抬下来，而他瘫软的身体则被他的母亲举起。另外两个人物帮忙把他放进母亲的怀里，如此便减轻

图 69 《圣殇》，创作于 1549 年，材质为大理石

了一些身体的重量：其中那个通常被认为是抹大拉的玛丽亚的女子扶着他的大腿，戴着兜帽的男子则站在后面扶着基督的右臂并用一只手撑住了玛利亚的背部。这位男子通常被认为是尼哥底母（Nicodemus），他帮忙安排基督下葬。不过现在也有人说他是亚利马太的约瑟。由于这一人物无疑是自己的肖像——这件事在瓦萨里写给米开朗琪罗侄子的信中得到了确认——因此他更有可能是尼哥底母，因为尼哥底母被认为是一名雕塑家，正是他雕刻了基督的真面目。尼哥底母也与那些信仰基督神性的人有关，这些人只能在私下里谈论自己的信仰，就像米开朗琪罗只能隐秘地表达他从维托丽娅·科隆纳那里了解到的理念一样。[2] 终其一生，从梵蒂冈的《圣殇》开始一直持续到晚年的素描，米开朗琪罗回归到了呈现基督身体的主题上。[3] 这注定是一种会吸引观众注意力的意象，鼓励观众凝视并引导观众进入对基督之死意义的超然体验中。通过将他自己也融入这一雕塑中，米开朗琪罗就成了这出神圣戏剧中的演员，又是一个旁观者，他俯视着基督的身体并陷入了沉思。

米开朗琪罗曾想被葬在祭坛脚下的一个较为简单的墓内；这组雕塑会矗立在祭坛的上方。由于这组雕像的高度远超过两米，戴兜帽的人物就会高过在祭坛主持仪式的人，或者高过其他来此瞻仰的游客。如果转动这组雕像，使底座与祭坛平行，那么观众的目光就会直接与基督和玛利亚的面部在一条直线上，而尼哥底母恰好就在他们脸庞的后面。[4]然而，尼哥底母并没有进入观众的视线之内；他的注意力都集中在基督身上。由于安置在祭坛之上，这组雕像获得了更大的意义，因为基督的身体在圣餐中以圣礼的形式呈现，而圣餐就在这圣像前举行，以供敬拜。[5]

用一块大理石雕刻出四个人物是一项艰难的挑战，而这一群像可能是米开朗琪罗最后一次挑战古人的尝试。[6]但这一次，挑战也许是太大了。佛罗伦萨的《圣殇》证明了米开朗琪罗的沮丧之情：他锯掉了左腿，以及基督的两条胳膊，还有圣母玛利亚和抹大拉的玛丽亚可见的胳膊。这些肢体大部分都由蒂贝里奥·卡尔卡尼修复了，他还更利索地锯掉了左腿，并在原本要接上新腿的地方凿了一个方形的洞。瓦萨里为米开朗琪罗的这些举动给出了多种解释：石材很难处理，艺术家的想法过于伟大，甚至说他已经厌倦了听他的仆人乌尔比诺（Urbino）唠叨着要完成它。最近，利奥·斯泰因贝里提出，米开朗琪罗之所以会锯断左腿，是因为他意识到，基督的腿架在玛利亚的膝上，这暗示了他们之间存在性关系。不过，在米开朗琪罗注意到这一不恰当的呈现前，他似乎不可能将这件作品完成得这么多，而这种解释也没考虑到一个事实，即还有很多其他的部分也被故意移除了，就好像米开朗琪罗想将这雕塑削减到只剩核心部分，如此便可重新创作。[7]无论出于什么原因，米开朗琪罗并没有完全摧毁这组雕塑；他的仆人安东尼奥阻止他进一步毁损这件作品，而米开朗琪罗还把雕塑给了他。随后，弗朗西斯科·班迪尼（Francesco Bandini）获得了这组雕像，并委托卡尔卡尼修复。米开朗琪罗与卡尔卡尼合作并为他提供了一些雕塑的原型。卡尔卡尼将断裂的部分重新装好，而且也只是做一些小的修补来替代无法修复的部位。然而，他用心地完成了抹大拉的玛丽亚，这是群像中唯一直接面对观众的人物。抹大拉的大小和位置——比其他人物略小且与其他人物有些距离——已经由米开朗琪罗确立了，她是连接敬拜者和这一神圣场景的重要人物，而这一重要性也必是米开朗琪罗的主意。[8]直到 1565 年去世时，卡尔卡尼还未完成这件作品。

有关这一主题的另一个变体，即隆达尼尼的《圣殇》（图 70）。该雕塑大约在 1553 年开始动工——也许还早于米开朗琪罗毁坏那个四人群像雕塑之前，因为瓦萨里暗示，他立即承接了另一个圣殇的作品，且这件作品已经大致有了设想。这件作品要比佛罗伦萨的《圣殇》更简单一些，只有两个人物而不是四个，但在很多方面，它甚至要更复杂一些，因为至少有一个其他版本的残迹仍然可以在雕塑中看到。这一次焦点仍在基督身上，他的身体被举起，好

图 70　隆达尼尼　《圣殇》，创作于 1555 年，材质为大理石

像是特别地要呈现在默祷的观众面前。现在站在基督身后的人物看起来像是圣母玛利亚，但这雕塑本身却证明米开朗琪罗在这里设想的是另一个人。透过玛利亚的面纱看到的是一张向上看的脸庞，而这个人物赤裸的大腿则暗示着最初扶着基督的是个男人。[9]因为在佛罗伦萨的《圣殇》中，尼哥底母穿着一件类似工匠的短上衣，并裸露着一条腿，所以米开朗琪罗可能一开始想到的是再次将自己呈现在雕塑中，像尼哥底母那样扶着基督的身体。尽管最后米开朗琪罗将自己从雕像中移除了，但很容易想到他是如何在雕塑周围犹豫徘徊，不断地甚至是痴迷地不停歇地塑造着基督的身体。更早的时候，基督的身体更大而且被扶到一个更高的位置上；完成度很高的右臂残留和他腿部的光滑部分都是早期人物的痕迹。第二个版本仍然是非常粗略的雕刻，两人的身体看起来很羸弱并纠结在一起。

无论是佛罗伦萨的《圣殇》还是隆达尼尼的《圣殇》都没有放置在米开朗琪罗的坟墓上。当弗朗西斯科·班迪尼于 1562 年去世时，佛罗伦萨的《圣殇》传给了他的儿子皮耶兰托尼奥（Pierantonio），后者将其安置在奎里纳尔宫（Quirinale）他的别墅花园中的一个壁龛里。在那里，它可能还保留了一些宗教意义，这座花园令人想起了埋葬基督的各各他（Golgotha）周围的地区，但后来的主人可能没有要特别主张这种联系。[10]就在米开朗琪罗于 1564 年去世之前，他告诉瓦萨里，他想要为自己的陵寝修复这座雕像，但这并没有实现。

米开朗琪罗去世的时候，隆达尼尼的《圣殇》还在他的工作室里。一份日期为 1561 年 8 月 21 日的文件显示，米开朗琪罗曾将《死去的基督》（大概就是隆达尼尼的《圣殇》）立契转让给了他的仆人安东尼奥，但尚不清楚安东尼奥是否曾经拥有过它。[11] 在 19 世纪初之前，这件作品的下落无法追踪，之后它便进入了罗马朱塞佩·隆达尼尼侯爵的藏品中。隆达尼尼藏品的名录中有一个注解是说这件作品据说是由米开朗琪罗创作的，但这是一个误解，这其实是一件现代的作品。借助它那非凡的表达和对身休的抽象运动的演绎，我们就能很容易理解原因。它现在展出于米兰的斯福尔扎城堡（Castello Sforzesco），观众可以从四面八方以相对较近的距离来欣赏这座雕塑，这几乎就像当年在米开朗琪罗的工作室里刚完成时一样。

在 89 岁去世前，米开朗琪罗一直都在进行艺术创作，但在他生命的最后几年里，他远离了赞助人和观众。他最后的雕塑是为他的陵寝创作的；他后期的许多素描都是为他自己画的。这些作品展示了对石料不断地切割或是对线条的重复描绘，仿佛这位艺术家仍一直在寻找从未出现过的东西。就好像是说，雕刻或绘画的行为本身是唯一重要的事情——而不是其他人是否会认出这些形式。

结　论

在米开朗琪罗漫长的创作生涯中，他创作的作品吸引了许多类型的观众。他重视特定的环境，会调整他的作品以便在特定的环境下也可以很好地被观赏。他思考着人类视觉的扭曲和欺骗性，而且他还在创作作品试图捕捉到神圣的幻觉。

这些观众是谁？像大多数文艺复兴时期的艺术家一样，米开朗琪罗经常创作一些服务于宗教目的的作品。他最早接受委托的作品，即圣灵教堂（Santo Spirito）的《耶稣受难十字架》（图 6），是一个标志性的作品，它能集中敬拜者的注意力，并帮助他们感受到基督的苦难。它那些真实的细节使这件作品能够更好地让信徒们真切地感受到基督遭受的苦难。其他用作祭坛饰品的雕塑和绘画则会鼓励人们虔诚地思考弥撒的意义。一个例子就是《布吕赫的圣母》（图 21）。在这幅画中，一个健壮但非常严肃的婴儿基督离开他母亲温暖的怀抱，踏上了自己的命运之旅。同时，他似乎也进入了敬拜者的空间之中，与他们建立了联系。这幅画被放置在葬礼礼拜堂的一个祭坛上方，这一位置允许家族成员为他们死去的亲人和他们自己找到一条救赎之路。米开朗琪罗的许多雕塑都是墓碑或纪念礼拜堂的标志，包括梵蒂冈的《圣殇》（图 12）和《复活的基督》（图 20）。在这些作品中，基督身体的意象——无论是母亲膝上死去的还是复活后站立着的——都给信徒们带来了生命的希望，即使是在肉体死亡之后。这两个例子还说明了米开朗琪罗作品的意义是如何随着敬拜者靠近和走过这些作品而发生改变的。朝圣者的移动轨迹也是作品创作形式的一部分。教堂或朝圣地点的作品是对所有人开放的，而且还有证据表明，那些天真的游客是如何做出反应的——例如，那位想要一些梵蒂冈《圣殇》的一些大理石碎片的妇女。

其他作品则位于更加受限制的环境中，那里只会出现一些特定类型的观众。例如《卡欣那之战》（图 15），它会在议会大厅中展出，在那里，佛罗伦萨的统治者们会看到以不朽形式展现出来的英雄力量和为战争做充足准备的价值。保禄小堂内的主要观众则是教皇和枢机主教；再一次地，《扫罗的皈依》（图 45）和《圣彼得受难》（图 46）传达的信息便与这特定的观众产生了特殊的关联，因为它们肯定了危机时期传道以及捍卫教会所需力量的重要性。那些在西斯廷礼拜堂观赏米开朗琪罗壁画（图 29）的观众的确也包括了一些公众，但教廷在那里却享有特权。米开朗琪罗的壁画不仅包含了涉及教义和礼拜仪式的具体细节，还考虑到了神职人员在空间内的移动轨迹，后者会列队进入礼拜堂并在祭坛附近的高坛处占据一席之地。这个区域优势被称为“至圣所”（Holy of Holies），它既表明了空间的神圣性，也表明了被允许进入此区域的人所享有的特权。通过创造需要解释和对视觉形式理解复杂的意象，米开朗琪罗维持了这种特权感。讽刺的是，祭坛墙上的《最后的审判》（图 42）却成了米开朗琪罗最为公开的画作，因为就在这件作品完成后不久，它就被广泛复制了。《最后的审判》不再只对少数享有特权的人开放，而是可以被所有人看到——甚至是妇女和儿童，正如批评家很快指出的，结果就是这幅画遭到了审查。

尽管妇女在某些场合几乎不会出现，如西斯廷礼拜堂或领主宫，但还有一些地方对她们更开放——比如教区的教堂。妇女也会欣赏到一些为家庭环境创作的作品；事实上，她们很可能就是《圣家族》（图 22）的目标观众。不幸的是，我们对多尼（Doni）、皮蒂（Pitti）和塔代伊（Taddei）这些家庭的具体的女性所知甚少。如果能偶然发现一位曾住在展示着米开朗琪罗圆形浮雕的家里的妇女或孩子对作品的回应，那将是一件非常有趣的事情。

米开朗琪罗作品的一些观众是收藏家，他们能够在伟大的古典雕塑家的作品和其他文艺复兴时期画家的作品之间做出区分。伊莎贝拉 · 德埃斯特（Isabella d’Este）和她的哥哥阿方索 · 德埃斯特（Alfonso d’Este）就是这样的收藏家，他们二人都曾得到过米开朗琪罗的作品，或是委托米开朗琪罗创作，他们可以在自己的宅邸近距离地观赏这些作品。当他将精心创作的素描送给他的朋友托马索 · 卡瓦列里和维托丽娅 · 科隆纳时，米开朗琪罗自己也鼓励受赠者近距离地仔细观赏这些作品。很有可能的是，这四位观众各自出于非常不同的原因研究了他们拥有的这些作品。伊莎贝拉 · 德埃斯特鼓励她的客人们仔细分辨《沉睡的丘比特》（*Sleeping Cupid*）到底是古代大师的作品还是来自佛罗伦萨一位无名雕塑家的作品。她的哥哥在米开朗琪罗功成名就时委托其创作了《利达》（图 56）。这幅画很可能会在他的画廊中同其他伟大的意大利画家的作品陈列在一起。无论它是否曾在那里展出，《利达》都是一幅具有情色意味的画作，展现了一名妇女和一只天鹅之间不正当的结合。这幅画似乎藏在了幕帘后面，但阿方索和他的客人们却能完全看到。在送给托马索 · 卡瓦列里的大部分素描画中也都隐藏着情色的意味，但在诸如《抢夺伽倪墨得斯》和《提提俄斯的惩罚》（图 47 和图 48）中，这一情色意味并不明显，它要么因对古典神话的引用而被隐藏起来，要么以这些画作是为了供他挚爱的年轻友人学习绘画所用为借口做了掩饰。科隆纳对《耶稣受难》和《圣殇》（图 53 和图 54）的近距离观察也说明了某种欲望，但并不是性结合的欲望，而是同样强烈的精神上的交融。

赠送给科隆纳和卡瓦列里的素描是米开朗琪罗最私人的创作。米开朗琪罗也想让他们保密吗？一方面，这些珍贵的素描可能会被其他人以有罪的方式解读；另一方面，米开朗琪罗也很清楚在将这些素描送交给受赠人时也会有其他人牵连其中，而且卡瓦列里和科隆纳也都会与其他人分享这些画作。在赠送给卡瓦列里的一些素描中，画作的意义是被加密的，如此便使得其他人更难理解；然而，其他一些作品可能会被理解为是古典神话或说教寓言的插图。同样，这些作品也吸引了比米开朗琪罗预想的更多的观众。这些画被迅速复制，有给富裕收藏者的雕刻水晶牌和油画，还有普通人也可以很方便买到的版画。

尽管米开朗琪罗的许多雕塑都是为特定地点制作的，而且将被放到特定的高度和明暗条件之下，这些是米开朗琪罗在设计时就已经考虑到了的，而这些雕塑在完成后有时却被放置在了非常不同的地点。他的许多作品在其不知情或不认可的情况下被移动了，但他最重要的两件雕塑作品是在他知情且可能是在他的指导下被重新放置在另一个地方的。《大卫》（图 14）最初是打算高高地安放在佛罗伦萨大教堂的一个扶壁上的，但最终却放置在了佛罗伦萨市政厅的前面，在那里，作品的意义也随着新环境而发生了改变。曾经本是一尊宗教性质的雕塑却变成了一种政治宣言，不过它到底是佛罗伦萨共和国力量的象征还是美第奇家族力量的象征就要看是谁在掌权了。

尤利乌斯二世的墓碑展示了一个最受人瞩目的例子，说明了一个项目是如何为一个特定地点规划的，又是如何因委托项目和地点的改变而重新设计的。早期的独立式版本的墓碑有一些至高无上的（帝王的）内涵，而且可能是打算要与安东尼奥·德尔波拉约奥洛为尤利乌斯的叔父西克斯图斯四世的墓碑相对比着看，这一墓碑在圣彼得大教堂的主祭坛之外。随着墓碑设计的变化，《摩西》雕像（图 24）被重新放置，而且在其位于圣彼得镣铐教堂的最后形式中，似乎焦点是《摩西》而不是教皇的雕像。也许米开朗琪罗并不是有意以这种方式折损教皇的形象，但早期设计的强烈的残迹实在是太引人注目了。

毫无疑问，米开朗琪罗是一位非凡的天才，但他也的确得到了非凡之人的支持。作为一名非常年轻的艺术家，他是在洛伦佐·德·美第奇家庭中那种令人兴奋的环境中成长起来的，在那里，他可以自由地探索材料和图像，而不受特定委托项目的限制。他还遇到了美第奇家族的其他成员，这些人以不同的方式支持了他。其中一个关键人物就是洛伦佐·迪·皮耶尔弗兰切斯科·德·美第奇，他鼓励这位艺术家在罗马寻找机会。尽管采用的方法相当可疑——他说服米开朗琪罗将《沉睡的丘比特》冒充为一件古董作品——但却达到了预期的效果，这位年轻的艺术家也为罗马精英阶层所知，最后教皇本人也知道了他。教皇尤利乌斯二世的雄心为米开朗琪罗的创造提供了机会，使他能够创作出前所未有的宏伟且有着卓越美感的作品。后来，教皇克雷芒七世，这位在少年时期就与米开朗琪罗在美第奇的家中相互熟识的人，邀请后者在佛罗伦萨为美第奇家族建造纪念碑。克雷芒许诺给他充分的自由去设想非正统的建筑形式，创作能与观众产生共鸣的雕塑，设想一幅能为世界末日的可怕景象赋予具体形式的画作。那幅为克雷芒创作的伟大画作，即《最后的审判》（图 42），在其继任者保罗三世治下完成了。保罗三世荣耀自己家族并复兴罗马的野心也直接导致了米开朗琪罗最重要的一些建筑委托项目，包括法尔内塞宫（见图 61）和圣彼得大教堂（图

63 和图 64）。卡比托利欧广场（图 65）是由保罗三世批准的一个市政项目，把从前被忽视的地方建造成了一个优雅的政府中心。这些罗马项目不仅是赞助人的愿望或这位艺术家情感的表达，也是用来为罗马人民创造景观和空间的不朽功业。每一个项目都帮助这座城市恢复了昔日的辉煌。在圣彼得大教堂的例子中，创造出来的空间不仅是为罗马人民，也是为了整个天主教会。

米开朗琪罗在他的晚年规划了这些，以及其他一些建筑项目，因年迈而带来的挑战使得壁画创作和大型雕塑的创作都很困难。即使年近九十，这位艺术家仍然尽力为自己的陵墓雕刻最后的两尊雕像。这些都是非常私人的作品，可以想见他不希望别人看到这些作品。他想让世人记住的是一座陵墓纪念碑，还是向世界发出的陈述呢？在佛罗伦萨的《圣殇》（图 69）中，米开朗琪罗伪装成尼哥底母将自己呈现在这一作品中。玛利亚最后一次扶起她那死去的儿子，他既是这一心痛场景的参与者也是旁观者。在隆达尼尼的《圣殇》（图 70）中，米开朗琪罗移除了这一自我指涉，只保留了基督和圣母的形象——甚至在他对石料强迫性的改造下，他们也变得越来越不明显了。此时，在他生命的尽头，内心的视觉要比肉眼所能看到的东西重要得多。

参考文献（References）

导言
（Introduction）

1 See Martin Jay,'Scopic Regimes of Modernity', in *Vision and Visuality*, ed. Hal Foster (Seattle, wa, 1988), pp.3-23. More broad-ranging is Wandel's introduction to *Early Modern Eyes*, ed. Walter S. Melion and Lee Palmer Wandel (Leiden, 2010), pp.1-9.

2 Caroline Elam,'"Ché ultima mano!": Tiberio Calcagni's Marginal Annotations to Condivi's *Life of Michelangelo*', *Renaissance Quarterly*, li/2 (1998), p.492.

3 See David Summers,*Michelangelo and the Language of Art* (Princeton, nj, 1981), pp.368-379.

4 Michael Baxandall's *Painting and Experience in Fifteenth-century Italy*, first published in 1972, is the fundamental discussion of these ideas. A more recent consideration of Michelangelo's forceful figures is Michael Cole, *Leonardo, Michelangelo, and the Art of the Figure* (New Haven,ct, and London, 2014).

5 This mode of seeing is often associated with the Middle Ages but was still operative in the Renaissance. See Michael Camille, 'Before the Gaze: The Internal Senses and Late Medieval Practices of Seeing', in *Visuality Before and Beyond the Renaissance: Seeing as*

Others Saw, ed. Robert S. Nelson (Cambridge, 2000), pp.197-223, and Christian K. Kleinbub, *Vision and the Visionary in Raphael* (University Park, pa, 2011), pp.2-9.

6 Joost Keizer,'Site-specificity', in *Michelangelo in the New Millennium*, ed. Tamara Smithers (Leiden, 2015), pp.36-37.

7 The standard Italian editions are Giorgio Vasari,*Le vite de' più eccellenti pittori, scultori e architettori nelle redazioni del 1550 e 1568*, ed.

Rosanna Bettarini and Paola Barocchi (Florence, 1966), and Ascanio Condivi,*Vita di Michelagnolo Buonarroti*, ed. Giovanni Nencioni (Florence, 1998). Vasari's biography of Michelangelo is available in several English translations, while the best translation of Condivi's is *The Life of Michelangelo*, ed. Hellmut Wohl,trans. Alice Sedgwick, 2nd edn (University Park, pa, 1999).

第 1 章　寻找观众的艺术家
(The Artist in Search of an Audience)

1 Jeanne K. Cadogan, *Domenico Ghirlandaio: Artist and Artisan* (New Haven,ct, 2000), p.162.

2 The drawing reproduced here has been associated with Masaccio's destroyed *Sagra*, although it is more likely copied from a drawing by Ghirlandaio which was influenced by Masaccio's style. See Francis Ames-Lewis, 'Drapery "Pattern"-drawings in Ghirlandaio's Workshop and Ghirlandaio's Early Apprenticeship', *Art Bulletin*, lxiii/1 (1981), p.51.

3 Ibid., pp.107-146.

4 Caroline Elam,'Lorenzo de' Medici's Sculpture Garden', in *Michelangelo: Selected Scholarship in English*, ed. William E. Wallace (New York and London, 1995), vol.i , pp.139-181.

5 Vladimir Jûen, 'Fecit Faciebat', *Revue de l'art*, xxvi (1974), pp.27-30.

6 James David Draper,*Bertoldo di Giovanni, Sculptor of the Medici Household: Critical Reappraisal and Catalogue Raisonné* (Columbia, mo, 1992), p.41.

7 Rona Goffen,*Renaissance Rivals* (New Haven, ct, and London, 2002), pp.79-87; however, it is not certain that the Madonna referred to in the letter of 31 January 1506 is the *Madonna of the Steps* or the Bruges *Madonna.*

8 Ibid., pp.45-46; Rona Goffen, 'Mary's Motherhood According to Leonardo and Michelangelo', *Artibuset Historiae*, xx/40 (1999), pp.4-5.

9 For a review of the scholarship on the statue, see Janet Cox-Rearick,*The Collection of Francis i: Royal Treasures* (New York, 1996), pp.302-313.

10 Kathleen Weil-Garris Brandt et al.,eds, *Giovinezza di Michelangelo*, exh. cat., Palazzo Vecchio, Florence (Florence and Milan, 1999), p.288; Margrit Lisner,'Il crocifisso ligneo di Michelangelo per il vecchio coro della chiesa di Santo Spirito a Firenze', in *Il Crocifisso di Santo Spirito/The Crucifix of Santo Spirito*, ed. Direzione cultura, Comune di Firenze, trans. Therese Nagali Ghezzi (Florence, 2000), pp.35-36.

11 A sixteenth-century drawing shows it on a screen near the main altar. See Charles de Tolnay, *The |outh of Michelangelo* (Princeton, nj, 1947), p.196 and fig. 151, and Lisner, 'Il crocifisso', p.34. The crucifix is currently installed in the sacristy of the church.

12 Barbara Schleicher,'Il restauro/The Restoration', in *Il Crocifisso di Santo Spirito/The Crucifix of Santo Spirito*, p.70.

13 Alexander Nagel and Christopher Wood,*Anachronic Renaissance* (New York, 2010), pp.218-239; David S. Areford, 'Multiplying

the Sacred: The Fifteenth-century Woodcut as Reproduction, Surrogate, Simulation', *Studies in the History of Art*, lxxv (2009), pp.135-8, 152 n.78.

14 Savonarola's words from *Trattato dell' amore di Jesu Christo*, written in 1492, are quoted and translated by Chris Fischer,*Fra Bartolommeo, Master Draughtsman of the High Renaissance*, exh. cat., Museum Boy mans-van Beuningen, Rotterdam (Rotterdam, 1990), pp.82, 104 n.89.

15 Anita Fidere Moskowitz,*Nicola Pisano's Arca di San Domenico and Its Legacy*(University Park, pa, 1994), pp.9-13, 17, 20.

16 Alison Luchs,'Michelangelo's Bologna Angel:"Counterfeiting" the Tuscan Duecento?', *Burlington Magazine*, cxx/901 (1978), pp.222-5.

17 Ellen L. Longsworth,'Michelangelo and the Eye of the Beholder: The Early Bologna Sculptures', *Artibus et Historiae*, xxiii/46 (2002), pp.77-82.

18 Michael Hirst,'The Artist in Rome, 1496-1501', in Michael Hirst and Jill Dunkerton, *The Young Michelangelo*, exh. cat., National Gallery, London (London, 1994), pp.22-4.

19 Ibid., p.32; Erin Sutherland Minter, 'Discarded Deity: The Rejection of Michelangelo's *Bacchus*and the Artist's Response', *Renaissance Studies*, xxviii/3 (2014), pp.443-58.

20 Christoph Luitpold Frommel,'Raffaele Riario, la Cancelleria, il teatro e il*Bacco* di Michelangelo', in Weil-Garris Brandt et al.,*Giovinezza di Michelangelo*, pp.143-8. Pope Alexander vi's reforms are discussed in Minter,'Discarded Deity', pp.453-5.

21 Ralph Lieberman,'Regarding Michelangelo's *Bacchus*', *Artibus et Historiae,*xxii/43 (2001), pp.67-72.

22 Frank Zöllner, Christof Thoenes and Thomas Pöpper, *Michelangelo, 1475-1564: The Complete Works* (Cologne, 2007), p.407. On

Galli's sculpture garden, see Kathleen Christian, *Empire without End: Antiquities Collections in Renaissance Rome, c. 1350-1527* (New Haven, ct, and London, 2010), pp.317-20.

23 Francesco Bocchi,*The Beauties of the City of Florence: A Guidebook of 1591*, trans. Thomas Frangenberg and Robert Williams (London and Turnhout, 2006), p.64.

24 Michael Hirst,*Michelangelo*, vol.i: *The Achievement of Fame, 1475-1534* (New Haven,ct, and London, 2011), pp.32-4.

25 The history of the building is summarized in Kathleen Weil-Garris Brandt,'Michelangelo's *Pietà* for the Cappella del re di Francia', in *Michelangelo: Selected Scholarship*, ed. Wallace, vol.1, pp.218-20.

26 Ibid., p.226.

27 These arguments are summarized in Weil-Garris Brandt, 'Michelangelo's *Pietà*', pp.222-6; and Hirst, 'The Artist in Rome', pp.49-52. Wallace has argued for its being set on a low plinth; William E. Wallace, 'Michelangelo's Rome*Pietà*: Altarpiece or Grave Memorial?', in *Michelangelo: Selected Scholarship,*ed. Wallace, vol.1, pp.261-77.

28 Prints that show the crucifix include those by Bonasone, G. B. Cavalieri and Mario Cartaro. See Bernadine Barnes, *Michelangelo in Print*(Farnham and Burlington, vt, 2010), pp.149-53, 199.

29 Lisa Pon,'Michelangelo's First Signature', *Source*, xv/4 (1996), pp.16-21.

30 Giorgio Vasari,*Der literarische Nachlass*, ed. Karl Frey (Munich, 1923), vol.ii, pp.64-5. The letter is assumed to have been sent to Vasari, but even this is not certain.

31 Aileen June Wang,'Michelangelo's Signature', *Sixteenth Century Journal*, xxxv/2 (2004), pp.450-51, and Sarah Blake McHam, *Pliny and the Artistic Culture of the Italian Renaissance*(New Haven, ct,

and London, 2013), pp.184-6.

32 Pon,'Michelangelo's First Signature', p.19.

33 McHam,*Pliny*, pp.185-8, 346.

34 The translation is based on Wang,'Michelangelo's Signature', p. 451 n.6.

35 Rebekah Smick,'Evoking Michelangelo's Vatican*Pietà*: Transformations in the Topos of Living Stone', in *The Eye of the Poet*, ed. Amy Golahny (Cranbury, nj, 1996), pp.23-52. Strozzi's poem is quoted on p.30.

第 2 章 大卫：英雄的身体

(The Heroic Body)

1 Two recent books review the history of the *David*: John Paoletti, *Michelangelo's 'David': Florentine History and Civic Identity* (New York, 2015), pp.17-55, with documents transcribed and translated by Rolf Bagemihl on pp.201-322; and Arnold Victor Coonin, *From Marble to Flesh: The Biography of Michelangelo's 'David'* ([Florence] , 2014), pp.17-90.

2 See Israel Silvestre's engraving reproduced in Coonin, *From Marble to Flesh*, fig. 1.8. See also Paoletti, *Michelangelo's 'David'*, pp.27-8 and fig. 9.

3 Paoletti,*Michelangelo's 'David'*, pp.32-6, and related documents on pp.286-9.

4 The model is mentioned only in Vasari's second edition. See Coonin,*From Marble to Flesh*, pp.60-61.

5 The minutes of the meeting are transcribed and translated in Paoletti,*Michelangelo's 'David'*, pp.313-22. All quoted passages are from this translation.

6 As noted in the entry for 14 May 1504, in Luca Landucci, *A Florentine Diary from 1450 to 1516*(New York, 1969), pp.213-14. For their identities, see Michael Hirst,'Michelangelo in Florence: *David* in 1503 and *Hercules* in 1506', *Burlington Magazine*, cxlii/1169 (2000), p. 490.

7 Coonin,*From Marble to Flesh*, pp.90-94; Paoletti, *Michelangelo's 'David'*, pp.52-3.

8 Natalie Tomas,'Did Women Have a Space?', in *Renaissance Florence: A Social History*, ed. Roger J. Crum and John T. Paoletti (New York, 2006), p.314.

9 The painting,*Festa degli omaggi in Piazza della Signoria*, by an anonymous Florentineartist, is in the Uffizi.

10 Paoletti,*Michelangelo's 'David'*, pp.65-6, referring to comments by Pietro di Marco Parenti and Raffaello Borghini.

11 Hubertus Günther, 'Michelangelo's Works in the Eyes of His Contemporaries', in *The Experience of Art in Early Modern Europe*, ed. Thomas Frangenberg and Robert Williams (Aldershot, 2006), p.60.

12 Paoletti explores these ambiguities in *Michelangelo's 'David'*, Chapter Two.

13 On the difficulties of using this painting as a true representation of the design, see Michael Cole, *Leonardo, Michelangelo, and the Art of the Figure* (New Haven, ct, and London, 2014), pp.74-7.

14 Michael Cole reviews the debate about the planned location of the murals in *Leonardo, Michelangelo*, pp.161-2 n.52. Hatfield recently proposed that the two paintings would instead be set on opposite walls; Rab Hatfield, *Finding Leonardo: The Case for Recovering the 'Battle of Anghiari'* (Florence, 2007).

15 *Memoriale di molte statue e picture di Florentia*, in *Five Early Guides to Rome and Florence*, ed. Peter Murray (Farnborough,

1972), n.p.

16 The altarpiece has been identified with the painting *The Entombment*, now in the National Gallery in London; it was never completed. See Alexander Nagel, *Michelangelo and the Reform of Art* (Cambridge, 2000), pp.102, 246 n.68.

17 Harold R. Mancusi-Ungaro,*Michelangelo: The Bruges Madonna and the Piccolomini Altar*(New Haven, ct, and London, 1971).

18 Ibid., pp.64-71.

19 The statues have been positioned properly only since 1964; see ibid., p.24. The names of the extant saints are given in an anonymous letter from 1511.

20 Ibid., p.69.

21 Michaël J. Amy, 'The Dating of Michelangelo's *St. Matthew*', *Burlington Magazine*, cxlii/1169 (2000), pp.493-6.

22 Michaël J. Amy, 'Imagining Michelangelo's *St. Matthew*in Its Setting', in *Santa Maria del Fiore and Its Sculpture*, ed. Margaret Haines (Fiesole, 2001), pp.161-2.

23 David Summers,'Maniera and Movement: The *Figura Serpentinata*', *Art Quarterly*, xxxv/3 (1972), pp.269-301.

24 The documents related to the two versions are discussed in Michael Hirst,*Michelangelo*, vol.i: *The Achievement of Fame, 1475-1534* (New Haven,ct, and London, 2011), pp.115-16, 169-73; the contract of 1514 is quoted on p.307 n.22. For a concise overview of the scholarship on this sculpture, see Frank Zöllner, Christof Thoenes and Thomas Pöpper, *Michelangelo, 1475-1564: The Complete Works*(Cologne, 2007), pp.425-6.

25 The observations in this paragraph draw on those made by William E. Wallace,'Michelangelo's *Risen Christ*', *Sixteenth Century Journal*, xxviii/4 (1997), pp.1251-80.

26 See Wallace,'Michelangelo's *Risen Christ*', pp.1272, 1276-9; and

Zöllner et al., *Michelangelo, 1475-1564*, p.426.

27 See Mancusi-Ungaro,*Michelangelo*, pp.42-3. For counterarguments, see Joachim Poeschke, *Michelangelo and His World* (New York, 1996), pp.77-9.

28 The document is transcribed and discussed in Lindsay R. E. Sheedy,'Marble Made Flesh: Michelangelo's Bruges*Madonna* in the Service of Devotion', ma thesis, Washington University, St. Louis, mo (May 2016), pp.15-16.

29 Chiara Franceschini,'The Nudes in Limbo: Michelangelo's *Doni Tondo*Reconsidered', *Journal of the Warburg and Courtauld Institutes*, lxxiii (2010), pp.137-80. This article is an excellent review of scholarship on the *tondo*, including its later history. See also Andrée Hayum,'Michelangelo's *Doni Tondo*: Holy Family and Family Myth', in *Michelangelo: Selected Scholarship in English*, ed. William E. Wallace (New York and London, 1995), vol.i, pp.417-59. On Taddei and Pitti, see Hirst,*Achievement of Fame*, pp.77, 291-2 nn 48-50; and R. W. Lightbown,'Michelangelo's Great Tondo: Its Origins and Setting', in *Michelangelo: Selected Scholarship*, vol.i, pp.460-69.

30 Roberta J. M. Olson,*The Florentine Tondo* (Oxford, 2000), pp.22-31, 162-5, 220-26. See also Franceschini, 'Nudes in Limbo', pp.148-50.

31 Rona Goffen,'Mary's Motherhood According to Leonardo and Michelangelo', *Artibuset Historiae*, xx/40 (1999), pp.50-51.

32 I refer here to the interpretations of Charles de Tolnay,*The Youth of Michelangelo* (Princeton,nj, 1947) pp.109-11; Colin Eisler, 'The Athlete of Virtue: The Iconography of Asceticism', in *Artibus opuscula xl: Essays in Honor of Erwin Panofsky*, ed. M. Meiss (New York 1961), vol.i, pp.93-4; and Franceschini, 'Nudes in Limbo', pp.137-80.

33 See Franceschini,'Nudes in Limbo', pp.163-5, for the alternate possibility that it was made for Lorenzo di Pierfrancesco de' Medici, Michelangelo's patron, a few years later.

第 3 章 陛下的愿景：教皇尤利乌斯二世的项目
（Visions of Majesty: Projects for Pope Julius ii）

1 Christoph Luitpold Frommel, 'St. Peter's: The Early History', in *The Renaissance from Brunelleschi to Michelangelo: The Representation of Architecture*, ed. Henry A. Millon and Vittorio Magnago Lampug nani (New York, 1994), pp.401-10. See now Christoph Luitpold Frommel et al.,*Michelangelo, il marmo e la mente: la tomba di Giulio ii e le sue statue*(Milan, 2014), which incorporates findings from the restoration of the tomb in 1998-2003.

2 Nicholas Temple,*Renovatio Urbis: Architecture, Urbanism, and Ceremony in the Rome of Julius ii* (New York, 2011), pp.168-70, 187.

3 A recent discussion of these drawings, including the drawing for a wall tomb (illus. 26) now thought to be the earliest idea for the tomb, is in Cammy Brothers, *Michelangelo, Drawing, and the Invention of Architecture*(New Haven, ct, and London, 2008), pp.87-9, 102-5.

4 For example, Neoplatonic interpretations see the ape as a symbol of the lower, animal appetites against which the soul struggles.

5 Condivi calls attention to the literary source, which is found in *Purgatorio*xvii, ll. 100-108. For other interpretations, see Frank Zöllner, Christ of Thoenes and Thomas Pöpper, *Michelangelo, 1475-1564: The Complete Works* (Cologne, 2007), p.424.

6 See Janet Cox-Rearick,*The Collection of Francis i: Royal Treasures*

(New York, 1996), p.296.

7 Zöllner et al., *Michelangelo, 1475-1564*, p.423.

8 Michael Hirst,*Michelangelo*, vol.i: *The Achievement of Fame, 1475-1534* (New Haven,ct, and London, 2011), pp.258-9, 373 nn. 65-7.

9 See Claudia Lazzarro,*The Italian Renaissance Garden* (New Haven, ct, and London, 1990), pp.201-6, 315 n.50.

10 On the*Speculum*, see Rebecca Zorach et al., *The Virtual Tourist in Renaissance Rome: Printing and Collecting the Speculum Romanae Magnificentiae*, exh. cat., University of Chicago Library (Chicago, il, 2008).

11 Gerd Blum,'Vasari on the Jews: Christian Canon, Conversion, and the Moses of Michelangelo', *Art Bulletin*, xcv/4 (2013), pp.558-77.

12 Rab Hatfield, *The Wealth of Michelangelo* (Rome, 2002), pp.19-23.

13 John Shearman,'The Chapel of Sixtus iv', in *The Sistine Chapel: The Art, the History, and the Restoration*, ed. Massimo Giacometti (New York, 1986), pp.22-4.

14 See Niels Krogh Rasmussen,'Maiestas Pontificia: A Liturgical Reading ofétienne Dupérac's Engraving of the Capella Sixtina from 1578', *Analecta Romana Instituti Danici*, xii (1983), pp.142-4.

15 On the fifteenth-century frescoes, see Shearman, 'Chapel of Sixtusiv', pp.38-87, and Ulrich Pfisterer, *La Cappella Sistina*, trans. Giovanna Targia (Rome, 2014), pp.18-45 (the original ceiling is discussed on pp.39-41).

16 Kathleen Weil-Garris Brandt,'Michelangelo's Early Projects for the Sistine Ceiling: Their Practical and Artistic Consequences', in *Michelangelo: Selected Scholarship in English*, ed. William E. Wallace (New York and London, 1995), vol.ii, p.552.

17 Charles Robertson,'Bramante, Michelangelo and the Sistine

Ceiling', *Journal of the Warburg and Courtauld Institutes*, xlix (1986), pp.91-2.

18 Peter Gillgren,'The Michelangelo Crescendo: Communicating the Sistine Chapel Ceiling', *Konsthistorisk tidskrift/Journal of Art History*, lxx/4 (2001), pp.206-16.

19 John Shearman,'The Functions of Michelangelo's Color', in *The Sistine Chapel: A Glorious Restoration*(New York, 1992), pp.80-89.

20 Ibid., p.82.

21 Sven Sandström, *Levels of Unreality: Studies in Structure and Construction in Italian Mural Painting during the Renaissance* (Stockholm, 1963), pp.173-86.

22 Rab Hatfield, 'Trust in God: The Sources of Michelangelo's Frescoes on the Sistine Ceiling', in *Michelangelo: Selected Scholarship*, vol.ii, pp.463-542.

23 Peter Howard,'Painters and the Visual Art of Preaching: The "Exemplum" of the Fifteenth-century Frescoes in the Sistine Chapel', *I Tatti Studies: Essays in the Renaissance*, xiii (2010), pp.33-77.

24 Charles Seymour,*Michelangelo: The Sistine Chapel Ceiling*(London, 1972), p.94.

25 Lynette M. F. Bosch,'Genesis, Holy Saturday, and the Sistine Ceiling', *Sixteenth Century Journal*, xxx/3 (1999), pp.643-52; the prophets are discussed on pp.651-2.

26 Kim E. Butler,'The Immaculate Body in the Sistine Ceiling', *Art History*, xxxii/2 (2009), pp.251-83.

27 Ibid., pp.260-62. For other arguments, see the exchange of letters between Marcia Hall and Leo Steinberg, in *Art Bulletin*, lxxv/2 (1993), pp.340-44.

28 Yael Even,'The Heroine as Hero in Michelangelo's Art', in

Michelangelo: Selected Scholarship, vol.ii, pp.381-2.

29 John W. O'Malley, 'The Religious and Theological Culture of Michelangelo's Rome, 1508-1512', in Edgar Wind, *The Religious Symbolism of Michelangelo: The Sistine Ceiling*, ed. Elizabeth Sears (Oxford, 2000), pp.xlvii-xlviii.

30 See Pfisterer, *Cappella Sistina*, p.77, for related ideas applied to Juliusii.

31 Edgar Wind,'Michelangelo's Prophets and Sibyls', in Wind, *Religious Symbolism*, pp.124-48.

32 Michael Hirst,*Michelangelo*, vol.i, p.98; and Lisa Pon, 'A Note on the Ancestors of Christ in the Sistine Chapel', *Journal of the Warburg and Courtauld Institutes*, lxi (1998), p.258.

33 See Pon,'Note on the Ancestors', pp.254-8.

34 Thefirst two lunettes in the series were destroyed when the *Last Judgment*was painted, but their appearance is known through prints.

35 Barbara Wisch,'Vested Interest: Redressing Jews on Michelangelo's Sistine Ceiling', *Artibus et Historiae*, xxiv/48 (2003), pp.143-72.

36 On Haman, see Wind,*Religious Symbolism*, pp.36-42. The image of Haman crucified, not hanged as described in the Bible, comes from Dante, *Purgatorio*, xvii, ll. 25-30, and was associated with Jewish celebrations of Haman's death.

37 Wisch,'Vested Interest', pp.152-3.

38 Sketches for the Ancestors of Christ are in the Oxford sketch book; see Paul Joannides, *Drawings of Michelangelo and His Followers in the Ashmolean Museum* (Oxford, 2007), pp.92-117.

39 André Chastel, 'First Reactions to the Ceiling', in *The Sistine Chapel: The Art, the History, and the Restoration*, ed. Giacometti, pp.154-8.

第 4 章　权力与幻觉：美第奇家族的委托
（Power and Illusion: Commissions for the Medici）

1 John Shearman,'The Florentine Entrata of Leo x, 1515', *Journal of the Warburg and Courtauld Institutes*, xxxviii (1975), p.153 n.60.

2 See David Hemsoll,'The Laurentian Library and Michelangelo's Architectural Method', *Journal of the Warburg and Courtauld Institutes*, lxvi (2003), pp.31-3.

3 Henry A. Millon,'The Façade of San Lorenzo', in Henry A. Millon and Craig Hugh Smyth,*Michelangelo: Architect*, exh. cat., National Gallery of Art, Washington,dc (Milan, 1988), pp.4-12; William E. Wallace,*Michelangelo at San Lorenzo* (Cambridge, 1994), pp.9-15.

4 The visualization by studiodim associati can be seen at www.studiodim.it/San_Lorenzo_Firenze.htm, accessed 20 June 2016.

5 Millon and Smyth,*Michelangelo: Architect*, pp.27-31, 50-52, 63-5. See also Jennifer Finkel,'Michelangelo at San Lorenzo: The Sculptural Program for theFaçade, in *Renaissance Studies: A Festschrift in Honor of Professor Edward J. Olszewski*, ed. Jennifer H. Finkel et al. (New York, 2013), pp.7-46.

6 Andrew Morrogh,'The Medici Chapel: The Designs for the Central Tomb', *Studies in the History of Art*, xxxiii (1992), pp.142-5.

7 William E. Wallace,'Clement vii and Michelangelo: An Anatomy of Patronagei', in *The Pontificate of Clement vii*, ed. Kenneth Gou wens and Sheryl E. Reiss (Aldershot and Burlington, vt, 2005), pp.189-98.

8 Caroline Elam,'The Site and Early Building History of Michelangelo's New Sacristy', in *Michelangelo: Selected Scholarship in English*, ed. William E. Wallace (New York and London, 1995), vol.iii, pp.165-96.

9 The process is succinctly described by Estelle Lingo,'The Evolution of Michelangelo's Magnifici Tomb: Program versus Process in the Iconography of the Medici Chapel', *Artibus et Historiae*, xvi/32 (1995), pp.91-100.

10 See William E. Wallace,'Two Presentation Drawings for Michelangelo's Medici Chapel', *Master Drawings*, xxv/3 (1987), pp.242-60.

11 Written sources indicate that the decorations still existed in the seventeenth century; see Raphael Rosenberg, *Beschreibungen und Nachzeichnungen der Skulpturen Michelangelos* (Berlin, 2000), p.144.

12 Zygmunt Waźbi ń ski, *L'Accademia medicea del disegno a Firenze nel Cinquecento. Idea e istituzione* (Florence, 1987), vol.i, pp.83-4, 103-4.

13 Ibid., pp.80-84.

14 L. D. Ettlinger,'The Liturgical Function of Michelangelo's Medici Chapel', in *Michelangelo: Selected Scholarship*, vol.iii, pp.147-64.

15 Peter Gillgren,'The Soundscape of the Medici Chapel', unpublished paper delivered at the Renaissance Society of America conference in Berlin, 2015. I thank Professor Gillgren for sharing the text of his paper with me. On the blindness of the figures, see Creighton E. Gilbert, 'Texts and Contexts of the Medici Chapel', in *Michelangelo: Selected Scholarship*, vol.iii, pp.115-16.

16 I refer here to interpretations in Ettlinger,'Liturgical Function', Gilbert,'Texts and Contexts', and James Beck, *Michelangelo: The Medici Chapel*(New York, 1994), p.21.

17 Responses of early visitors are in Rosenberg,*Beschreibungen*, pp.127-39, 146-50.

18 John Shearman,*Only Connect: Art and the Spectator in the Italian*

Renaissance(Washington, dc, 1992), pp.47-8; Gilbert, 'Texts and Contexts', pp.110-13.

19 Anton Francesco Doni,*I marmi* (Venice, 1552), pp.23-4. For a discussion of this theme in Renaissance art, see Paul Barolsky,'As in Ovid, so in Renaissance Art', *Renaissance Quarterly*, li/2 (1998), pp.455-6.

20 Leonard Barkan,*Michelangelo: A Life on Paper*(Princeton, nj, 2011), pp.32-3.

21 Raphael Rosenberg,'The Reproduction and Publication of Michelangelo's Sacristy: Drawings and Prints by Franco, Salviati, Naldini and Cort', in *Reactions to the Master*, ed. Francis Ames-Lewis and Paul Joannides (Aldershot and Burlington, vt, 2003), pp.114-36.

22 Paris, Louvre, Inv. 4554.

23 Waźbi ń ski, *L'Accademia medicea*, pp.86, 88-90. Vasari's and Borghini's letters to Cosimo were sent on 1 and 3 February 1563, respectively.

24 Francesco Bocchi,*The Beauties of the City of Florence: A Guidebook of 1591*, ed. and trans. Thomas Frangenberg and Robert Williams (London and Turnhout, 2006), pp.240-54.

25 Caroline Elam,'"Tuscan Dispositions": Michelangelo's Florentine Architectural Vocabulary and its Reception', *Renaissance Studies*, xix/1 (2005), pp.74-82.

26 These were carved by Francesco da Sangallo. See Wallace, *Michelangelo at San Lorenzo*, pp.124-7.

27 Charles de Tolnay,*The Medici Chapel* (Princeton, nj, 1948), p.32, andfigs 208 and 330.

28 John Paoletti,'Michelangelo's Masks', *Art Bulletin*, lxxiv/3 (1992), p. 432.

29 Portraits exist of both *Capitani* but they do not bear much

resemblance to Michelangelo's sculptures. Michelangelo's comments were recorded by Niccolò Martelli in 1544; see Michael Hirst,*Michelangelo*, vol.i: *The Achievement of Fame, 1475-1534* (New Haven,ct, and London, 2011), pp.199, 343 n.147.

30 James G. Cooper,'Michelangelo's Laurentian Library: Drawings and Design Process', *Architectural History*, liv (2011), pp.71-4.

31 Rudolf Wittkower,'Michelangelo's Biblioteca Laurenziana', in *Idea and Image: Studies in the Italian Renaissance* (London, 1978), p.28.

32 See David Summers,'Michelangelo on Architecture', *Art Bulletin*, liv/2 (1972), pp.146-57.

33 Ralph Lieberman,'Michelangelo's Design for the Biblioteca Laurenziana', in *Michelangelo: Selected Scholarship*, vol.iii, pp.373-80.

34 Cooper,'Michelangelo's Laurentian Library', pp.80-82.

第 5 章　油画和梦幻体验：为教皇保罗三世创作壁画
（Painting the Visionary Experience: Frescoes for Pope Paul III）

1 Marcia B. Hall,'Michelangelo's *Last Judgment*: Resurrection of the Body and Predestination', *Art Bulletin*, lviii/1 (1976), pp.85-92; and ibid., 'Michelangelo's *Last Judgment*as Resurrection of the Body: The Hidden Clue', in *Michelangelo's 'Last Judgment'*, ed. Marcia B. Hall (Cambridge, 2005), pp.95-112.

2 John Shearman,'Una nota sul progetto di Giulio ii', *Michelangelo. La Cappella Sistina, attidel convegno internazionale di studi, Roma, marzo 1990* (Novara, 1994), vol.iii, pp.32-7.

3 Bernadine Barnes,'A Lost *Modello* for Michelangelo's *Last Judgment*', *Master Drawings*, xxvi/3 (1988), pp.239-48.

4 Arnold Nesselrath,'The Painters of Lorenzo the Magnificent in

the Chapel of Pope Sixtusiv in Rome', in *The Fifteenth Century Frescoes in the Sistine Chapel: Recent Restorations of the Vatican Museum* (Vatican City, 2003), p.45 and fig. 4.

5 Anne Leader,'Michelangelo's *Last Judgment:*The Culmination of Papal Propaganda in the Sistine Chapel', *Studies in Iconography*, xxvii (2006), pp.103-56.

6 Fabrizio Mancinelli, in Loren W. Partridge et al.,*Michelangelo: The Last Judgment. A Glorious Restoration* (New York, 1997), p.166. On the pigments used here, see Hall, ed., *Michelangelo's 'Last Judgment'*, pp.12 and 41.

7 Partridge,*Glorious Restoration*, p.144.

8 Valerie Shrimplin-Evangelidis,'Sun-Symbolism and Cosmology in Michelangelo's *Last Judgment*', *Sixteenth Century Journal*, xxi/4 (1990), pp.607-44.

9 Allori created two versions. The first, dated 1559 (Casa Buonarroti), depicts only Christ and two trumpeting angels. The other, in SS Annunziata, Florence, dated *c.* 1560, includes more angels and selectedfigures from among the rising blessed and the damned.

10 The interpretations alluded to here are from Leo Steinberg,'A Corner of the*Last Judgment*', *Daedalus*, cix/2 (1980), pp.207-73; Hall,'Michelangelo's *Last Judgment*as Resurrection of the Body', p. 103; and Bernadine Barnes,*Michelangelo's 'Last Judgment': The Renaissance Response*(Berkeley, ca, 1998), Chapter Four.

11 Leo Steinberg,'The *Last Judgment* as Merciful Heresy', *Art in America*, lxiii/6 (1975), pp.49-63. This line of interpretation has most recently been taken up by Giovanni Careri in *La Torpeur des ancêtres. Juifs et chrétiens dans la chapelle Sixtine* (Paris, 2013), pp.38-40.

12 See Partridge et al.,*A Glorious Restoration*, pp.58-9, 140, for other possible references to sacraments and good works.

13 See also Barnes,*Michelangelo's 'Last Judgment'*, pp.56-7; Hall, 'Michelangelo's *Last Judgment*as Resurrection of the Body', p.106.

14 Steinberg,'Corner of the *Last Judgment*', pp.214-16.

15 I review some of these arguments in'Skin, Bones, and Dust: B001-272_Michelangelo_08.12.16.indd 242 11/01/2017 10:39 *243 References* Self-portraits in Michelangelo's *Last Judgment*', *Sixteenth Century Journal*, xxxv/4 (2004), pp.969-86.

16 John Turner,'Michelangelo's Blacks in *The Last Judgment*', *Source*, xxxiii/1 (2013), pp.8-15.

17 Michael Bury,'Niccolò Della Casa's *Last Judgement* Dissected', *Print Quarterly*, xxviii/1 (2010), pp.3-10.

18 Melinda Schlitt,'Painting, Criticism, and Michelangelo's *Last Judgment*in the Age of the Counter-Reformation', in *Michelangelo's 'Last Judgment'*, ed. Hall, p.114.

19 Margaret Kuntz,'Designed for Ceremony: The Cappella Paolina at the Vatican Palace', *Journal of the Society of Architectural Historians*, lxxii/2 (2003), pp.232-3, 241, 252 n.56.

20 Margaret A. Kuntz,'A Ceremonial Ensemble: Michelangelo *Last Judgment*and the Cappella Paolina Frescoes', in Hall, ed., *Michelangelo's 'Last Judgment'*, p.154.

21 For discussion of the restoration and excellentphotographs, see Maurizio De Luca et al.,eds, *The Pauline Chapel* (Vatican City, 2013).

22 Leo Steinberg,*Michelangelo's Last Paintings*(London, 1975), pp.16, 57 n. 41, with further references.

23 Kuntz,'Designed for Ceremony', p.235.

24 William E. Wallace,'Narrative and Religious Expression in Michelangelo's Pauline Chapel', *Artibus et Historiae*, x/19 (1989),

pp.107-21.

25 Steinberg,*Michelangelo's Last Paintings*, pp.30-31.

26 Arnold Nesslerath,'A Masterpiece Blackened by Thousands of Candles', in *The Pauline Chapel*, ed. De Luca et al., p.27; the photographs on pp.106 and 107 show the detail before and after restoration.

27 The story is not in the Bible but is referred to by Eusebius and other early writers and retold with much elaboration in *The Golden Legend.*

28 Philipp Fehl,'Michelangelo's *Crucifixion of St. Peter*: Notes on the Identification of the Locale of the Action', *Art Bulletin*, liii/3 (1971), pp.327-43.

29 Fehl,'Michelangelo's *Crucifixion of St. Peter*', p.330. On changes made to the Tempietto to accommodate later pilgrims, see Jack Freiberg, *Bramante's Tempietto, the Roman Renaissance, and the Spanish Crown* (New York, 2014), pp.183-7.

30 Fehl,'Michelangelo's *Crucifixion of St. Peter*', p.340.

31 Michelangelo's portrait has been seen in the face of St. Paul and in a man at the upper left in *The Crucifixion of Peter* who seems to listen to the pointing commander. Paul iii's portrait has been seen in the faces of St. Paul as well as St. Peter. See, for example, Kuntz, 'A Ceremonial Ensemble', p.168, 180 n.79. Paul Barolsky explores how Michelangelo identified with St. Paul in *Michelangelo's Nose* (University Park,pa, 1990), pp.38-41.

32 In Paula Barocchi, ed.,*Trattati d'arte del cinquecento* (Bari, 1961), vol.ii, p.95. See my further discussion of the passage in Barnes, *Michelangelo's 'Last Judgment'*, pp.92-3.

33 Anne Dillon,*Michelangelo and the English Martyrs* (Farnham and Burlington,vt, 2012), pp.88-9.

第 6 章　爱情、欲望与政治：为私人观众的创作
(Love, Desire and Politics: Works for Private Viewers)

1 Christoph Luitpold Frommel,*Michelangelo und Tommaso dei Cavalieri* (Amsterdam, 1979), pp.76-90.

2 See Lothar Sickel's summary of issues surrounding Cavalieri's collection in Frank Zöllner, Christof Thoenes and Thomas Pöpper, *Michelangelo, 1475-1564: The Complete Works* (Cologne, 2007), p. 750.

3 Michael Hirst,*Michelangelo*, vol.i: *The Achievement of Fame, 1475-1534* (New Haven,ct, and London, 2011), p.262.

4 *Ganymede* and *Tityus* are not named in the letter of 1 January 1533, but they are both mentioned as if a pair in the letter of 6 September 1533.

5 Translation from E. H. Ramsden, *The Letters of Michelangelo* (Stanford,ca, 1963), vol.i, p.183. On the complex ways words and images interact in these and the Phaeton drawings, see Leonard Barkan,*Michelangelo: A Life on Paper*(Princeton, nj, and Oxford, 2011), pp.226-34.

6 James M. Saslow,*The Poetry of Michelangelo* (New Haven,ct, and London, 1991), pp.48-52.

7 Maria Ruvoldt,'Michelangelo's Open Secrets', in *Visual Cultures of Secrecy in Early Modern Europe*, ed. Timothy McCall et al. (Kirksville, mo, 2013), pp.114-17.

8 William E. Wallace,*Michelangelo: The Artist, the Man and His Times* (Cambridge, 2010), p.179.

9 See Phyllis Pray Bober and Ruth Rubenstein,*Renaissance Artists and Antique Sculpture*(London and Oxford, 1986), p.70, no.27.

10 The precise sequence is much debated; however, the Windsor Castle drawing might be considered definitive, since it is the one

that served as the model for engravings.

11 Erwin Panofsky,*Studies in Iconology* (New York, 1972), p.219.

12 For recent interpretations, see Mary D. Garrard,'Michelangelo in Love: Decoding the*Children's Bacchanal*', *Art Bulletin*, xcvi/1 (2014), pp.24-49.

13 See Maria Ruvoldt,'Michelangelo's Dream', *Art Bulletin*, lxxxv/1 (2003), pp.86-113.

14 See Judith Anne Testa,'The Iconography of *The Archers*', *Studies in Iconography*, v (1979), pp.53-4.

15 Ruvoldt,'Michelangelo's Open Secrets', pp.117-19.

16 Bernadine Barnes,*Michelangelo in Print* (Farnham and Burlington, vt, 2010), pp.55-7.

17 On the Spirituali, see Abigail Brundin,*Vittoria Colonna and the Spiritual Poetics of the Italian Reformation*(Aldershot, 2008), pp.42-9.

18 Alexander Nagel,'Gifts for Michelangelo and Vittoria Colonna', *Art Bulletin*, lxxxix/4 (1997), pp.649-54.

19 An English translation is in Susan Haskins, ed. and trans.,*Who Is Mary? Three Early Modern Women on the Idea of the Virgin Mary*(Chicago, il, 2008), pp.53-65.

20 Marjorie Och,'Vittoria Colonna and a Commission for a Mary Magdalene by Titian', in *Beyond Isabella: Secular Women Patrons of Art in Renaissance Italy*, ed. Sheryl Reiss and David G. Wilkins (Kirksville, mo, 2001), pp.193-224.

21 See Una Roman d'Elia, 'Drawing Christ's Blood: Michelangelo, Vittoria Colonna, and the Aesthetics of Reform', *Renaissance Quarterly*, lix/1 (2006), pp.90-129.

22 Bernadine Barnes,'The Understanding of a Woman: Vittoria Colonna and Michelangelo's *Christ and the Samaritan Woman*', *Renaissance Studies*, xxvii/5 (2013), pp.633-53. On the *Noli*

me tangere design and its copies, see Lisa M. Rafanelli, 'Michelangelo's *Noli Me Tangere*for Vittoria Colonna, and the Changing Status of Women in Renaissance Italy', in *Mary Magdalene: Iconographic Studies from the Middle Ages to the Baroque*, ed. Michelle Erhardt and Amy Morris (Leiden, 2012), pp.223-48, and Christian K. Kleinbub, 'To Sow the Heart: Touch, Spiritual Anatomy, and Image Theory in Michelangelo's *Noli Me Tangere*', *Renaissance Quarterly*, lxvi/1 (2013), pp.81-129.

23 Kleinbub,'To Sow the Heart', pp.90-91, 97-9.

24 Beatrizet's engraving was republished or copied at least a dozen times in the sixteenth century; see Barnes, *Michelangelo in Print*, pp.80-81.

25 William E. Wallace,'Michelangelo's *Leda*: The Diplomatic Context', *Renaissance Studies*, xv/4 (2001), pp.473-99.

26 For a digital reconstruction created by the Prado Museum, see www.webexhibits.org/prado/camerino.html, accessed 4 July 2016.

27 On Mini and the painting's later history in France, see Janet Cox-Rearick,*The Collection of Francis i: Royal Treasures* (New York, 1996), pp.237-41.

28 Rebekah Compton,'Omnia Vincit Amor: The Sovereignty of Love in Tuscan Poetry and Michelangelo's *Venus and Cupid*', *Mediaevalia*, xxxii (2012), pp.229-60. See also Julia Branna Perlman,'Venus, Myrrha, Cupid and/as Adonis', in *Metamorphosis: The Changing Face of Ovid in Medieval and Early Modern Europe*, ed. Alison Keith and Stephen Rupp (Toronto, 2007), pp.223-38.

29 See Richard Aste in'Bartolomeo Bettini and His Florentine "Chamber" Decoration', in *Venere e Amore/Venus and Love*, ed. Franca Falletti and Jonathan Katz Nelson (Florence, 2002), pp.10-17.

30 Charles de Tolnay,*Medici Chapel* (Princeton, nj, 1948), p.108.

31 Benedetto Varchi,*Due lezioni* (Florence, 1549), p.104.

32 D. J. Gordon,'Giannotti, Michelangelo and the Cult of Brutus', in *Michelangelo: Selected Scholarship in English*, ed. William E. Wallace (New York and London, 1995), vol.iv, pp.159-76.

33 Thomas Martin,'Michelangelo's *Brutus*and the Classicizing Portrait Bust in Sixteenth-century Italy', in *Michelangelo: Selected Scholarship*, vol.iv, pp.177-93. Martin argues that the *Brutus* was begun around 1548 after Lorenzino was executed. A Roman coin showing Brutus and the fibula are reproduced in Charles de Tolnay,*The Tomb of Julius ii* (Princeton, nj, 1954), figs 92 and 93.

34 The inscription is transcribed and discussed in Tolnay,*Tomb of Juliusii*, p.133.

35 On this statue, see Zöllner et al., *Michelangelo, 1475-1564*, p.433; and Wallace,*Michclangelo: The Artist, the Man and his Times*, p.159.

第 7 章　视觉与空间：米开朗琪罗的罗马建筑
（Vision and Space: Michelangelo's Roman Architecture）

1 Christof Thoenes, in Frank Zöllner, Christof Thoenes and Thomas Pöpper, *Michelangelo,1475-1564: The Complete Works* (Cologne, 2007), pp.217, 666.

2 Dale Kent,*Cosimo de' Medici and the Florentine Renaissance* (New Haven, ct, and London, 2000), pp.230-32.

3 The windows are traditionally dated to around 1517 but have recently been dated as closer to 1526, based on formal qualities and a drawing apparently used to direct stonecutters on the project; see Vitale Zanchettin,'A New Drawing and a New Date

for Michelangelo's "Finestre Inginocchiate" at Palazzo Medici, Florence', *Burlington Magazine*, xliii/1296 (2011), pp.156-62.

4 On public attitudes towards the Medici in this period, see John M. Najemy,*A History of Florence, 1200-1575* (Malden, ma, 2006), pp.427-45.

5 SeeZöllner et al., *Michelangelo, 1475-1564*, pp.706-22.

6 On the history of the palace, see Christoph Luitpold Frommel, *The Architecture of the Italian Renaissance*, trans. Peter Spring (London, 2007), pp.176-8, and Giulio Carlo Argan and Bruno Contardi, *Michelangelo: Architect*, trans. Marion L. Grayson (New York, 1993), pp.264-71.

7 Quoted and translated in Alina Payne,*The Architectural Treatise in the Italian Renaissance*(Cambridge, 1999), pp.16, 243 n.3.

8 Caroline Elam,'"Tuscan Dispositions": Michelangelo's Florentine Architectural Vocabulary and its Reception', *Renaissance Studies*, xix/1 (2005), pp.46-82.

9 Cammy Brothers,*Michelangelo, Drawing, and the Invention of Architecture* (New Haven,ct, and London, 2008), pp.50-64.

10 Bernadine Barnes,*Michelangelo in Print* (Farnham and Burlington, vt, 2010), pp.124-5; the full inscription is transcribed and translated on p.141 n.14.

11 On the various phases of design and construction of St. Peter's, see Frommel, *Architecture of the Italian Renaissance*, pp.48, 105-8, 124-5, 139-42, 178-81.

12 James S. Ackerman,*The Architecture of Michelangelo*, 2nd edn (Chicago,il, 1986), pp.317-18; Argan and Contardi, *Michelangelo: Architect*, p.324.

13 Christof Thoenes,'St. Peter's as Ruins: On Some *Vedute* by Heemskerck', in *Sixteenth-century Italian Art*, ed. Michael Cole (Malden,ma, and Oxford, 2006), pp.25-39.

14 Dupérac's prints also include many elements changed by the architects who took over after Michelangelo's death; for a summary see Barnes, *Michelangelo in Print*, p.136.

15 Rudolf Wittkower,*Architectural Principles in the Age of Humanism* (New York and London, 1971), pp.7-10.

16 Leon Battista Alberti,*On the Art of Building in Ten Books*, trans. Joseph Rykwert, Neil Leach and Robert Taverner (Cambridge,ma, and London, 1988), pp.126 and 195.

17 Henry A. Millon and Craig Hugh Smyth,'Michelangelo and St. Peter's: Observations on the Interior of the Apses, a Model of the Apse Vault, and Related Drawings', in *Michelangelo: Selected Scholarship in English,*ed. William E. Wallace (New York and London, 1995), vol.iv, pp.291-9.

18 The classic overview of the project is in Ackerman,*Architecture of Michelangelo*, pp.136-70, although some of Ackerman's points have been contested. For updated bibliography, see Argan and Contardi *Michelangelo: Architect*, pp.252-63. Charles Burroughs ('Michelangelo at the Campidoglio: Artistic Identity, Patronage, and Manufacture', *Artibus et Historiae*, xiv/28 (1993), pp.85-111) argues that the Conservators' Palace was designed in the 1530s, while Andrew Morrogh proposes that it was designed in the 1560s, in'The Palace of the Roman People: Michelangelo at the Palazzo dei Conservatori', Römisches *Jahrbuch der Bibliotheca Hertziana,* xxix (1994), pp.129-86.

19 Ackerman,*Architecture of Michelangelo*, pp.37-52.

20 Irving Lavin,'The Campidoglio and Sixteenth-century Stage Design', in *Michelangelo: Selected Scholarship*, vol.iv, pp.244-50; also Burroughs,'Michelangelo at the Campidoglio', pp.96, 106 n.63.

21 Burroughs, 'Michelangelo at the Campidoglio' , pp. 91–7; and

Charles Burroughs, 'The Demotic Campidoglio' , Res, XLIX/50 (2006), pp. 171–4.

22 Laurie Nussdorfer,*Civic Politics in the Rome of Urban viii* (Princeton, nj, 1992), pp.60-61, 69-70.

23 Morrogh,'Palace of the Roman People', pp.161-2; Nussdorfer, *Civic Politics*, pp.71-3.

24 The most comprehensive list is in Argan and Contardi, *Michelangelo: Architect*, pp.336-57. Updated bibliography on San Giovanni dei Fiorentini, the Sforza Chapel and Santa Maria degli Angeli can be found inZöllner et al., *Michelangelo, 1475-1564*, pp.485-8.

25 Elisabeth B. MacDougall,'Michelangelo and the Porta Pia', in *Michelangelo: Selected Scholarship*, vol.iv, pp.261-72.

26 David R. Coffin, *The Villa in the Life of Renaissance Rome* (Princeton, nj, 1979), p.213.

27 See Zöllner et al., *Michelangelo, 1475-1564*, p.489, for a summary of various interpretations, as well as a reproduction of a print published by Bartolomeo Faleti with a crowning element that may be closer to Michelangelo's design. The third level seen today was built in the nineteenth century.

第8章　最后的作品
（Last Works）

1 The most thorough study of the sculpture is Jack Wasserman, *Michelangelo's Florence'Pietà'* (Princeton, nj, 2003).

2 The letter is dated 18 March 1564 and was written to inform Lionardo Buonarroti of his uncle's desires for his own tomb. On the tradition of Nicodemus as a sculptor, see Corine Schleif, 'Nicodemus and Sculpture: Self-reflexivity in Works by Adam

Kraft and Tilman Riemenschneider', *Art Bulletin*, lxv/4 (1993), pp.599-626. See also John T. Paoletti, 'The Rondanini *Pietà*: Ambiguity Maintained through the Palimpsest', *Artibus et Historiae*, xxi/42 (2000), pp.60-63. Michelangelo's identification with those who hid ideas related to Catholic reform is explored by Valerie Shrimplin-Evangelidis,'Michelangelo and Nicodemism: The Florentine*Pietà*', *Art Bulletin*, lxxi/1 (1989), pp.58-66.

3 Alexander Nagel,*Michelangelo and the Reform of Art* (Cambridge, 2000), pp.27-33 and 143-53.

4 See Wasserman,*Florence 'Pietà'*, plate 10, where the virtual model is seen as if the viewer's eye level were near the base of the sculpture. Plate 29 shows the group frontally from a higher point of view.

5 Paoletti,'Rondanini *Pietà*', p.65.

6 William E. Wallace,'Michelangelo, Tiberio Calcagni, and the Florentine*Pietà*', *Artibus et Historiae*, xxi/42 (2000), pp.84-7.

7 Leo Steinberg,'Michelangelo's Florentine*Pietà*: The Missing Leg', *Art Bulletin*, l/4 (1968), pp.343-53. Wasserman proposed instead that Michelangelo deliberately disassembled the sculpture (*Florence 'Pietà'*, pp.67-73).

8 Wallace,'Calcagni, and the Florentine *Pietà*', pp.91-3.

9 Paoletti,'Rondanini *Pietà*', pp.53-80.

10 Wasserman,*Florence 'Pietà'*, pp.102-3.

11 Paoletti transcribes the relevant passage of the document in 'Rondanini *Pietà*', p.74 n.4.

参考书目

Ackerman, James S.,*The Architecture of Michelangelo*, 2nd edn (Chicago, il, 1986)

Amy, Michaël J , 'Imagining Michelangelo's *St. Matthew*in Its Setting', in *Santa Maria Del Fiore and its Sculpture*, ed. Margaret Haines (Fiesole, 2001), pp.149-66

Argan, Giulio Carlo, and Bruno Contardi,*Michelangelo Architect*, trans. Marion L. Grayson (New York, 1993)

Aste, Richard,'Bartolomeo Bettini and His Florentine "Chamber" Decoration', in *Venere e Amore/Venus and Love*, ed. Franca Falletti and Jonathan Katz Nelson (Florence, 2002), pp.3-25

Barkan, Leonard,*Michelangelo: A Life on Paper*(Princeton, nj, and Oxford, 2011)

Barnes, Bernadine,"The Understanding of a Woman: Vittoria Colonna and Michelangelo's *Christ and the Samaritan Woman*', *Renaissance Studies*, xxvii/5 (2013), pp.633-53

—, *Michelangelo in Print* (Farnham and Burlington, vt, 2010)

—, *Michelangelo's 'Last Judgment': The Renaissance Response* (Berkeley, ca, 1998)

Brothers, Cammy,*Michelangelo, Drawing, and the Invention of Architecture* (New Haven,ct, and London, 2008)

Burroughs, Charles,'The Demotic Campidoglio', *Res*, xlix/50 (2006), pp.171-87

—, 'Michelangelo at the Campidoglio: Artistic Identity, Patronage, and Manufacture', *Artibus et Historiae*, xiv/28 (1993), pp.85-111

Butler, Kim E.,'The Immaculate Body in the Sistine Ceiling', *Art History*, xxxii/2 (2009), pp.251-83

Cole, Michael,*Leonardo, Michelangelo, and the Art of the Figure* (New Haven, ct, and London, 2014)

Compton, Rebekah,'Omnia Vincit Amor: The Sovereignty of Love in Tuscan Poetry and Michelangelo's *Venus and Cupid*', *Mediaevalia*, xxxii (2012), pp.229-60

Coonin, Arnold Victor,*From Marble to Flesh: The Biography of Michelangelo's 'David'* (［Florence］, 2014)

Cox-Rearick, Janet,*The Collection of Francis i: Royal Treasures* (New York, 1996)

Crocifisso di Santo Spirito/The Crucifix of Santo Spirito(Florence, 2000)

De Luca, Maurizio, et al.,eds, *Pauline Chapel* (Vatican City, 2013)

Elam, Caroline,'"Tuscan Dispositions": Michelangelo's Florentine Architectural Vocabulary and Its Reception', *Renaissance Studies*, xix/1 (2005), pp.74-82

Fehl, Philipp,'Michelangelo's *Crucifixion of St. Peter*: Notes on the Identification of the Locale of the Action', *Art Bulletin*, liii/3 (1971), pp.327-43

Franceschini, Chiara,'The Nudes in Limbo: Michelangelo's *Doni Tondo* Reconsidered', *Journal of the Warburg and Courtauld Institutes*, lxxiii (2010), pp.137-80

Frommel, Christoph Luitpold,'St. Peter's: The Early History', in *The Renaissance from Brunelleschi to Michelangelo: The Representation of Architecture*, ed. Henry A. Millon and Vittorio Magnago Lampugnani (New York, 1994), pp.399-423

Frommel, Christoph Luitpold,*The Architecture of the Italian Renaissance*, trans. Peter Spring (London, 2007)

Günther, Hubertus, 'Michelangelo's Works in the Eyes of his Contemporaries', in *The Beholder: The Experience of Art in Early Modern Europe*, ed. Thomas Frangenberg and Robert Williams (Aldershot, 2006), pp.53-85

Hall, Marcia B.,'Michelangelo's *Last Judgment*: Resurrection of the Body and Predestination', *Art Bulletin*, lviii/1 (1976), pp.85-92

Hirst, Michael,'Michelangelo in Florence: *David* in 1503 and *Hercules* in 1506', *Burlington Magazine*, cxlii/1169 (2000), pp.487-92

—, *Michelangelo*, vol. i: *The Achievement of Fame, 1475-1534* (New Haven, ct, and London, 2011)

Kleinbub, Christian K.,'To Sow the Heart: Touch, Spiritual Anatomy, and Image Theory in Michelangelo's *Noli Me Tangere*', *Renaissance Quarterly*, lxvi/1 (2013), pp.81-129

Kuntz, Margaret,'Designed for Ceremony: The Cappella Paolina at the Vatican Palace', *Journal of the Society of Architectural Historians*, lxxii/2 (2003), pp.228-55

Leader, Anne,'Michelangelo's *Last Judgment:*The Culmination of Papal Propaganda in the Sistine Chapel', *Studies in Iconography*, xxvii (2006), pp.103-56

Lingo, Estelle,'The Evolution of Michelangelo's Magnifici Tomb: Program versus Process in the Iconography of the Medici Chapel', *Artibuset Historiae*, xvi/32 (1995), pp.91-100

Mancusi-Ungaro, Harold R.,*Michelangelo: The Bruges Madonna and the Piccolomini Altar*(New Haven, ct, and London, 1971)

Michelangelo: Selected Scholarship in English, ed. William E. Wallace, 5 vols (New York and London, 1995)

Millon, Henry A., and Craig Hugh Smyth,*Michelangelo Architect*, exh. cat., National Gallery of Art, Washington,dc (Milan, 1988)

Morrogh, Andrew,'The Palace of the Roman People: Michelangelo at the Palazzo dei Conservatori', Römisches *Jahrbuch der Bibliotheca Hertziana*, xxix (1994), pp.129-86

Nagel, Alexander,'Gifts for Michelangelo and Vittoria Colonna', *Art Bulletin*, lxxxix/4 (1997), pp.647-68

—, *Michelangelo and the Reform of Art* (Cambridge, 2000)

Paoletti, John,*Michelangelo's 'David': Florentine History and Civic Identity* (New York, 2015)

Pfisterer, Ulrich, *La Cappella Sistina*, trans. Giovanna Targia (Rome, 2014)

Rafanelli, Lisa M.,'Michelangelo's *Noli Me Tangere*for Vittoria Colonna, and the Changing Status of Women in Renaissance Italy', in *Mary Magdalene, Iconographic Studies from the Middle Ages to the Baroque*, ed. Michelle Erhardt and Amy Morris (Leiden, 2012), pp.223-48

Ruvoldt, Maria,'Michelangelo's Open Secrets', in *Visual Cultures of Secrecy in Early Modern Europe*(Kirksville, mo, 2013), pp.105-25

Shearman, John,'The Chapel of Sixtus iv', in *The Sistine Chapel: The Art, the History, and the Restoration*, ed. Massimo Giacometti (New York, 1986), pp.22-87

—, 'The Functions of Michelangelo's Color', in *The Sistine Chapel: A Glorious Restoration*, ed. Pierluigi de Vecchi (New York, 1992), pp.80-89

Steinberg, Leo,*Michelangelo's Last Paintings*(London, 1975)

—, 'The *Last Judgment* as Merciful Heresy', *Art in America*, lxiii/6 (1975), pp.49-63

Summers, David,'Maniera and Movement: The *Figura Serpentinata*', *Art Quarterly*, xxxv/3 (1972), pp.269-301

—, *Michelangelo and the Language of Art* (Princeton, nj, 1981)

Tolnay, Charles de,*Michelangelo*, 5 vols (Princeton,nj, 1945-60)

Wallace, William E.,'Michelangelo's *Risen Christ*', *Sixteenth Century Journal*, xxviii/4 (1997), pp.1251-80

—, 'Narrative and Religious Expression in Michelangelo's Pauline Chapel', *Artibus et Historiae*, x/19 (1989), pp.107-21

—, *Michelangelo at San Lorenzo* (Cambridge, 1994)

Wasserman, Jack,*Michelangelo's Florence'Pietà'* (Princeton, nj, 2003)

Weil-Garris Brandt, Kathleen, et al.,eds, *Giovinezza di Michelangelo*, exh. cat., Palazzo Vecchio, Florence (Florence and Milan, 1999)

Wisch, Barbara,'Vested Interest: Redressing Jews on Michelangelo's Sistine Ceiling', *Artibus et Historiae*, xxiv/48 (2003), pp.143-72

Zöllner, Frank, Christof Thoenes and Thomas Pöpper, *Michelangelo, 1475-1564: The Complete Works* (Cologne, 2007)

图片提供致谢

The author and publishers wish to express their thanks to the below sources of illustrative material and/or permission to reproduce it. Some locations of works are given below rather than in the captions.

© Albertina, Vienna: 2; © Alinari / Art Resource, ny: 11 (Museo Nazionaledel Bargello, Florence), 33, 34; photo Steven Barnes: 32, 66; © Nicolo Orsi Battaglini / Art Resource, ny: 22 (Uffizi, Florence); © Biblioteca Medicea-Laurenziana, Florence, Italy / Bridgeman Images: 38; © photo Bibliotheca Hertziana, Max-Planck-Institut für Kunstgeschichte, Rome: 19; British Museum, London, ©The Trustees of the British Museum: 49, 53; © De Agostini Picture Library / A. de Gregorio / Bridgeman Images: 9; © De Agostini Picture Library / M. Carrieri / Bridgeman Images: 70 (Castello Sforzesco, Milan); © De Agostini Picture Library / G. Nimatallah / Bridgeman Images: 6 (Santo Spirito, Florence); Harvard Art Museums / Fogg Museum, Gifts for Special Uses Fund, 1955.75, photo Imaging Department © President and Fellows of Harvard College: 47; © Isabella Stewart Gardner Museum, Boston, ma,usa / Bridgeman Images: 54; by kind permission of Lord Leicester and the Trustees of Holkham Estate, Norfolk / Bridgeman Images: 15 (Holkham Hall, Norfolk); © Erich Lessing / Art Resource, ny: 10 (Museo Nazionale del Bargello, Florence), 21 (Notre-Dame, Bruges), 35 (Medici Chapels, New Sacristy); image © The Metropolitan Museum of Art: 23; image ©

The Metropolitan Museum of Art, oasc, Rogers Fund, Transferred from the Library, 1941: 62, 63, 65; © Musei e Gallerie Pontificie, Musei Vaticani, Vatican City Mondadori Portfolio / Bridgeman Images: 42; photo © 2017 Museum of Fine Arts, Boston: B001-272_Michelangelo_08.12.16.indd 256 11/01/2017 10:39 5; © New Sacristy, San Lorenzo, Florence, Italy / Bridgeman Images: 1; © Nimatallah / Art Resource,ny: 64; © Gianni Dagli Orti / The Art Archive at Art Resource,ny: 8; Rijksmuseum, Amsterdam: 56; Royal Collection Trust / © Her Majesty Queen Elizabeth ii 2016, Royal Collection, Windsor: 48, 50 (rcin 912766［recto］), 51 (rcin 912777); © Samuel Courtauld Trust,The Courtauld Gallery, London, uk / Bridgeman Images: 52; © Scala / Art Resource, ny: 13 (St. Peter's Basilica, Vatican City), 25 (Uffizi, Florence), 36 (Medici Chapels, New Sacristy), 37, 40, 41 (Casa Buonarroti, Florence), 57 (Accademia, Florence), 58 (Museo Nazionaledel Bargello, Florence), 59, 60, 68 (Casa Buonarroti, Florence); photos © Vatican Museums, all rights reserved: 28, 29, 30, 31, 44, 45, 46; © Vatican Museums and Galleries, Vatican City / Bridgeman Images: 29; and © Victoria and Albert Museum, London: 55.

Jebulon, the copyright holder of image 12 (St. Peter's Basilica, Vatican City), has published this online under conditions imposed by a Creative Commons 1.0 Universal Public Domain Dedication license; Patrick Denker, the copyright holder of image 20 (Santa Maria sopra Minerva, Rome), has published this online under conditions imposed by a Creative Commons Attribution 2.0 Generic license; Marie-Lan Nguyen, the copyright holder of image 69, has published this online under conditions imposed by a Creative Commons Attribution 2.5 Generic license; Myrabella, the copyright holder of image 61, Sailko, the copyright holder of images 3 (Casa Buonarroti, Florence), 4 (Casa

Buonarroti, Florence), 7 (San Domenico, Bologna), 17 (Cathedral, Siena), and 39, and Jörg Bittner Unna, the copyright holder of images 14 (Accademia, Florence), 18 (Accademia, Florence), 24 (San Pietro in Vincoli, Rome), 26 (Louvre, Paris), 27 (Louvre, Paris), have published these online under conditions imposed by a Creative Commons Attribution-Share Alike 3.0 Unported license; and Peter1936F, the copyright holder of image 16 (Cathedral, Siena), has published this online under conditions imposed by a Creative Commons Attribution-Share Alike 4.0 International license.

Readers are free:

to share - to copy, distribute and transmit the work(s)
to remix - to adapt the work(s)

under the following conditions:

you must attribute the work(s) in the manner specified by the author or licensor (but not in any way that suggests that they endorse you or your use of the work(s))

'share alike' - if you alter, transform, or build upon this work/these works, you may distribute the resulting work(s) only under the same or similar license to this one.

致谢

我要感谢 Barbara Wisch、William Wallace 和 Tiffany Hunt 为我提供的专业帮助，也感谢他们愿意阅读本书各个章节。还有许多其他学者和同侪回答了很多具体的问题，他们是 Marcia Hall，Francesca Persegati Martini，Lindsay Sheedy，Robert Ulery，Laura Veneskey 和 Chanchal Dadlani，而 David Lubin 则是我正式的“聪明的非专业读者”。2015 年由 Ulrich Pfisterer 和 Arnold Nesselrath 举办的有关西斯廷礼拜堂的研讨会让我有机会提出长久以来都得不到解答的问题，并让我关注到与会者和其他人的最新研究成果（我在注释中提及了他们的研究）。特别要感谢 David Summers，他的观点对我的影响要比注释中体现的还要多。我非常感激瑞安可信出版社（Reaktion Books）的 Michael Leaman，他鼓励我推进这个项目，还协助我完成了许多细节工作；作为编辑，Martha Jay 则将本书以更加优美的形式呈现出来。我的丈夫 Steven Barnes 陪我去了许多地方，问了无数的问题，我希望我在这里对其中的一些问题已经给予了回答。

译者后记

现如今，摄像、印刷技术以及互联网服务的普及和升级，大大拓展了我们现代人的视野。过去，若想观赏某位文艺复兴时期的大师作品，也只能远赴异国他乡的博物馆一窥真容，或者也要等名作的全球巡展光临自己的城市，才能一饱眼福。但近年来，各种豪华的艺术作品画册，还有各大知名博物馆、艺术馆的“资源上网”计划，使我们足不出户，就能一睹世界各地名家的艺术作品。不仅如此，在高清摄像机的帮助下，我们甚至可以无限逼近作品的细部，近距离地比对。就连建筑和雕塑作品等也能借助虚拟现实技术，达到一定程度的临场观看体验。无疑，本书主人公米开朗琪罗的作品也会受到如此高规格的待遇。

即使我们借助互联网和画册所看到的，可能比现场观看真迹之时还要“事无巨细”，但我们现代观众的单纯视觉欣赏，仍旧会遗漏太多信息。正如本书作者提示我们的，在 15 世纪的意大利，艺术家是为观众服务的，无法想象那时的艺术家是为了表达自己的想法和理念而创作。如此一来，米开朗琪罗的作品，就不能单纯地被理解为可以随意跨越时空，被所有人轻易理解的客体。它们本身都带着特定的历史痕迹，与特定的环境、人物有着理念、情感乃至空间结构上的关联。如果想要真正理解作品的含义，或者想要逼近创作者所想表达的观念，首先要做的就是确定那些作品的目标受众到底是谁。

最初，这位伟大的艺术家刚刚到工作室里当学徒，对于自己的观众是谁还一无所知。但很明显，这位颇有想法的年轻人并不满足于创作一些定制的、模式化的作品。或许是命运的垂青，他与美第奇家族不期而遇，也许就是这段经历，基本确定了他的观众群。在美第奇家族的生活学习经历，影响了这位艺术家此后的创作风格，也让他了解到好的赞助人或者说观众应当是如何的。此后他“行云流水”般接受了若干奠定了他今后艺术地位的创作委托。这些创作都有非常特定的观众，而理解这些观众，我们才能理解作品的那些技法、结构、叙事，以及部分作品所处的空间位置。

除了为诸如尤利乌斯二世、保罗三世，以及教会创作的公共作品（当然，在当时所谓的公共作品也不是我们今天理解的那般公开）外，还有针对私人家族或朋友，甚至为自己创作的作品。作者通过对前一类创作的研究，展示了米开朗琪罗的宏大视野，而通过后一类创作的研究，米开朗琪罗柔软且隐晦的内心情感世界也得到了呈现。

谁在观看米开朗琪罗的作品？这是本书作者试图着手解决的主要问题。作者并不过多着墨于那些令人津津乐道的风流韵事或红颜知己，也无意深入艺术家与权势人物和家庭的利益纠葛，而是牢牢把握住观看者与创作者之间的互动，辅之以时间顺序，展示了米开朗琪罗及其作品不同方面的内涵。这也是本书不同于以往写作米开朗琪罗及其作品著作的地方。

译者过去阅读艺术类画册，或参观艺术馆、博物馆，只是粗略了解是谁、什么时期创作了什么样的作品，又或者简单了解一下创作流派或创作技法，对艺术家的创作意图关注较少，更不会在意作品的观众在当时当地的身份，对于一些雕塑作品也很难退一步想象当时被放置或应当被放置的空间结构。也因此，在观赏文艺复兴时期作品时，总有不明所以的困惑。以个人美感来观看作品，似乎掌握了很多知识点，但缺乏对艺术家内心目的和动机的体察和理解。相信不少读者也和我有同样的经历乃至困惑。

译罢此书，确实解开了我的许多困惑，也让我对米开朗琪罗的艺术世界有了更立体的理解。更为关键的是，当了解了作品的目标观众后，便能进一步以艺术家的情感，去理解作品本身。

尤其有趣的是本书第 6 章“爱情、欲望与政治：为私人观众的创作”。在一些情况下，米开朗琪罗还会为一些特别的朋友创作作品。这些作品展示了来自受赠者或作者的感情，而且通常是展示了两者的感情。无论是色情的、政治的还是宗教的，这些作品往往被视为颠覆性的陈述，它们的意义被隐藏起来，以防止不必要的眼睛完全理解了这些作品想要传递的信息。而经过作者的讲述，我们可以根据艺术家与特定观众的关系，破译作品中蕴藏的密语。再如最后一章，讲述米开朗琪罗在他生命的最后几年时间里，远离了赞助人和观众。他最后的雕塑是为自己的陵墓创作的；他后期的许多素描都是为他自己画的。这些作品展示了对石料不断的切割或是对线条的重复描绘，仿佛这位艺术家仍一直在寻找从未出现过的东西。

从最初寻找观众，到最后远离观众，为自己创作。米开朗琪罗的创作生涯始终离不开特定的观众，离不开他们的观看和欣赏甚或赞叹。作为当代人，我们当然不是米开朗琪罗心中的观众群，然而我们却不得不成为他的观众。如此一来，我们与这位艺术家之间便有着天然的隔阂，一方面是不同文化之间理解对话的障碍，另一方面也是沧海桑田之后无可避免的动机、细节、情感等的遗失。而此书正是弥补这一隔阂的佳作之一。

本书作者伯纳丁·巴恩斯是专职教授文艺复兴和巴洛克时期艺术史的教授。她特别感兴趣的议题之一是艺术家如何将他们的作品直接面向特定类型的观众或买家，以及评论家如何表达不同观众的期望。这本小传在引用相关研究时非常谨慎，总会辅之以作者的理解和推测，兼具学术性和普及性，是理解文艺复兴时期的艺术创作、理解米开朗琪罗的绝佳读物。

最后，我要感谢本书编辑来芙萍女士，感谢她给我这样一个机会翻译此书，感谢她在翻译过程中给予我的鼓励和支持。因译者学识和知识水平有限，翻译过程中出现的任何疏漏之处，还望各位读者多多包涵、不吝赐教。

译者　谭宇墨凡

2019 年 1 月　于北京

图字：01-2018-8460号

Michelangelo and the Viewer in His Time by Bernadine Barnes was first published by Reaktion Books, London, UK, 2017. Copyright © Bernadine Barnes 2017
(The simplified Chinese translation rights arranged through Rightol Media
Email:copyright@rightol.com)

本书中文简体字版权经由锐拓传媒取得Email:copyright@rightol.com
中文简体字版专有权属东方出版社

图书在版编目（CIP）数据

谁在观看米开朗琪罗 /（美）伯纳丁·巴恩斯（Bernadine Barnes）著；谭宇墨凡 译 . —北京：东方出版社，2019.8
书名原文：Michelangelo and the Viewer in His Time
ISBN 978-7-5207-1034-3

Ⅰ. ①谁…　Ⅱ. ①伯… ②谭…　Ⅲ. ①米开朗琪罗（Michelangelo, Buonarroti 1475-1564）—传记　Ⅳ. ① K835.465.72

中国版本图书馆 CIP 数据核字（2019）第 100108 号

谁在观看米开朗琪罗
（SHUI ZAI GUANKAN MIKAILANGQILUO）

作　　者：[美] 伯纳丁 · 巴恩斯
译　　者：谭宇墨凡
责任编辑：朱　然　来芙萍
责任审校：曾庆全　金学勇
出　　版：东方出版社
发　　行：人民东方出版传媒有限公司
地　　址：北京市朝阳区西坝河北里 51 号
邮　　编：100028
印　　刷：北京联兴盛业印刷股份有限公司
版　　次：2019 年 8 月第 1 版
印　　次：2019 年 8 月第 1 次印刷
开　　本：880 毫米 × 1230 毫米　1/32
印　　张：9.5
字　　数：100 千字
书　　号：ISBN 978-7-5207-1034-3
定　　价：75.00 元
发行电话：（010）85924663　85924644　85924641

版权所有，违者必究
如有印装质量问题，我社负责调换，请拨打电话：（010）85924602　85924603